應用社會科學調查研究方法系列叢書 20

事件史分析

Event History Analysis

Kazuo Yamaguchi 著

杜素豪 & 黃俊龍 譯

董旭英 校閱

弘智文化事業有限公司

Kazuo Yamaguchi

EVENT
HISTORY
ANALYSIS

ISBN 957-0453-23-0

Printed in Taiwan, Republic of China

作者簡介

Kazou Yamaguchi

芝加哥大學社會學系教授。大學部畢業於東京大學，研究所畢業於芝加哥大學。曾經任教於哥倫比亞大學與加州大學洛杉磯分校。在方法學、社會流動、人口學、生命史、藥物使用等領域的研究論文遍佈在主要的學術期刊，如：American Sociological Review、American Journal of Sociology、Sociological Methodology、Journal of the American Statistical Association、Quality and Quantity、Demography、Journal of Marriage and the Family、以及American Journal of Public Health。除了事件歷史分析法之外，其方法學上也專精於以 Log-linear 與 log-bilinear 模式為基礎的類別資料分析法。所發表的三分之二以上的論文是關於以上這些分析方法以及其應用。

叢書總序

　　美國加州的 Sage 出版公司,對於社會科學研究者,應該都是耳熟能詳的。而對研究方法有興趣的學者,對它出版的兩套叢書,社會科學量化方法應用叢書（Series: Quantitative Applications in the Social Sciences）,以及社會科學方法應用叢書（Applied Social Research Methods Series）,都不會陌生。前者比較著重的是各種統計方法的引介,而後者則以不同類別的研究方法為介紹的重點。叢書中的每一單冊,大約都在一百頁上下。導論的課程之後,想再對研究方法或統計分析進一步鑽研的話,這兩套叢書,都是入手的好材料。二者都出版了六十餘和四十餘種,說明了它們存在的價值和受到歡迎的程度。

　　弘智文化事業有限公司與 Sage 出版公司洽商,取得了社會科學方法應用叢書的版權許可,有選擇並有系統的規劃翻譯書中的部分,以饗國內學界,是相當有意義的。而中央研究院調查研究工作室也很榮幸與弘智公司合作,在國立編譯館的贊助支持下,進行這套叢書的翻譯工作。

　　一般人日常最容易接觸到的社會研究方法,可能是問卷調查。有時候,可能是一位訪員登門拜訪,希望您回答

就一份蠻長的問卷；有時候則在路上被人攔下，請您就一份簡單的問卷回答其中的問題；有時則是一份問卷寄到府上，請您填完寄回；而目前更經常的是，一通電話到您府上，希望您撥出一點時間回答幾個問題。問卷調查極可能是運用最廣泛的研究方法，就有上述不同的方式的運用，而由於研究經費與目的的考量上，各方法都各具優劣之處，同時在問卷題目的設計，在訪問工作的執行，以及在抽樣上和分析上，都顯現各自應該注意的重點。這套叢書對問卷的設計和各種問卷訪問方法，都有專書討論。

問卷調查，固然是社會科學研究者快速取得大量資料最有效且最便利的方法，同時可以從這種資料，對社會現象進行整體的推估。但是問卷的問題與答案都是預先設定的，因著成本和時間的考慮，只能放進有限的問題，個別差異大的現象也不容易設計成標準化的問題，於是問卷調查對社會現象的剖析，並非無往不利。而其他各類的方法，都可能提供問卷調查所不能提供的訊息，有的社會學研究者，更偏好採用參與觀察、深度訪談、民族誌研究、焦點團體以及個案研究等。

再者，不同的社會情境，不論是家庭、醫療組織或制度、教育機構或是社區，在社會科學方法的運用上，社會科學研究者可能都有特別的因應方法與態度。另外，對各種社會方法的運用，在分析上、在研究的倫理上以及在與既有理論或文獻的結合上，都有著共同的問題。此一叢書對這些特定的方法，特定的情境，以及共通的課題，都提

供專書討論。在目前全世界，有關研究方法，涵蓋面如此全面而有系統的叢書，可能僅此一家。

弘智文化事業公司的李茂興先生與長期關注翻譯事業的余伯泉先生（任職於中央研究院民族學研究所），鑑於此套叢者對國內社會科學界一定有所助益，也想到可以與成立才四年的中央研究院調查研究工作室合作推動這翻譯計畫，便與工作室的第一任主任瞿海源教授討論，隨而與我們兩人洽商，當時我們分別擔任調查研究工作室的主任與副主任。大家都認為這是值得進行的工作，尤其台灣目前社會科學研究方法的專業人才十分有限，國內學者合作撰述一系列方法上的專書，尚未到時候，引進這類國外出版有年的叢書，應可因應這方面的需求。

中央研究院調查研究工作室立的目標有三，第一是協助中研院同仁進行調查訪問的工作，第二是蒐集、整理國內問卷調查的原始資料，建立完整的電腦檔案，公開釋出讓學術界應用，第三進行研究方法的研究。由於參與這套叢書的翻譯，應有助於調查研究工作室在調查實務上的推動以及方法上的研究，於是向國立編譯館提出與弘智文化事業公司的翻譯合作案，並與李茂興先生共同邀約中央研究內外的學者參與，計畫三年內翻譯十八小書。目前第一期的六冊已經完成，其餘各冊亦已邀約適當學者進行中。

推動這工作的過程中，我們十分感謝瞿海源教授與余伯泉教授的發起與協助，國立編譯館的支持以及弘智公司與李茂興先生的密切合作。當然更感謝在百忙中仍願抽空

參與此項工作的學界同仁。目前齊力已轉往南華管理學院
教育社會學研究所服務,但我們仍會共同關注此一叢書的
推展。

章英華・齊力
于中央研究院
調查研究工作室
1998 年 8 月

目 錄

1

導論

何謂事件歷史分析法？

　　事件歷史分析法是在了解某些事件的發生是否有一定的類型與相關性。社會科學家研究不同類型的事件。人口學家研究個人生命事件中的死亡、出生、遷移、結婚與離婚。社會學家與勞力經濟學家研究勞動力參與及生涯過程，例如就業與失業、公司之間與內部的工作變動、以及升遷等。犯罪學家研究犯罪、逮補及累犯行為等。以藥物濫用為研究對象的流行病學者，則研究藥物使用的初始、停頓與終止。社會科學家有興趣的事件，不只是個人層面的生命事件，還包括發生在組織層面的事件。組織與工業關係的學者則研究組織的瓦解、合併、罷工等。

　　定義上，一個事件的發生其實預設了某一代表著此事件尚未發生之前的時段。換言之，為了能辨識某一件事的發生

是否為一個「事件」，此事件尚未發生之前的一段特定時段（time period）或持續期（duration）是必須定存在的。

事件歷史分析法便是用來分析在某一事件發生之前那段時間內的各種資料。因此，所謂的時段資料的分析（analysis of duration data）指的是大範圍的分析方法，包括大部分本書將介紹的分析方法與模型。

時段資料不一定能單一的定義為一個事件。一個事件來自時段間隔中許多終點的組合。該組合並不一定包括各時段間隔中的所有終點。譬如說，在工作史的分析中，我們能收集到下列的時段資料：（a）一個雇員在同一家公司持續擁有一特定職位的期間，（b）無論職位為何，被同一雇主所雇用的期間，或者（c）不考慮工作種類與雇主為何，就業期間的長短。以一般的就業來說，失業是來自就業期間的終點。如前所述獨立的事件，可以是來自一些終點的小組合。失業可能是被解雇或離職（可能是退休、決定回家作專職的家管等因素造成），這些都可被視為獨立的事件。同樣地，公司間的工作變動成為一個事件是指被某一個雇主雇用期間的終點。這個事件同樣地也包含了（a）公司間工作的變換以及（b）失業等獨立的事件。在同一家公司中某一職位的終止可界定為一個事件，也就是所謂的工作變動（job seperation）。這種事件包括了不同的組合，例如（a）同一公司內部的職位變遷，（b）公司間工作的變動。總之，一個事件是指在許多時段間隔中的一組終點。

要概念化一已知事件尚未發生的時段，另一個重要的概念是：風險期（risk period）。一般而言，我們可以將事件

尚未發生的時段分成兩個部分：發生此一事件的風險期與非風險期。例如，人只有結婚後才會離婚，人有了工作才會換工作。沒有結婚或沒有工作的人並不會有離婚或換工作的風險。

　　風險期與非風險期的區分須要有一個假設。這個假設也許是隱含性的，以離婚為例，我們通常假設人們在整個婚姻過程中都有離婚的風險。但是，風險期的認定常需要一個更明顯的假設。舉例來說，我們可能無法確切知道結婚風險期的開端，我們便可能假設所有人都在同一個年紀進入這個風險期，並將這個年紀等於某一樣本中結婚時最年輕者。用來界定風險期時特定的假設將成為我們所使用之分析模型的特徵。有了針對風險期充分的假設是作好分析的關鍵。所謂的風險期指的是在此風險期中一群面臨風險的人在某一時間點遇到某事件，亦即是那時候的風險群（risk set）。

　　了解了風險期與非風險期的區分後，我們可以說事件歷史分析法是研究在風險期某一事件尚未發生前的那段期間的一種分析方法；或者是分析在風險期該事件之發生率的方法[1]。

　　事件之發生率通常隨著時間與群體之不同而異。當它發生在某一時間點時，通常就被視為風險率（hazard rate）或者是轉換率（transition rate）。風險率一詞來自生物統計學，其典型的事件是死亡。轉換率一詞較常用在社會學上。社會學常引用 Markov 與類似 Markov 的過程模式分析不同狀態之間的變化。例如地位與就業狀況之間的改變（Bartholomen, 1982; Coleman, 1964; Tuma, 1976）。本書採用風險比率一詞。

分析風險率的方法有二：一是完全母數或不完全母數分析法，二是非母數分析法。完全母數或不完全母數分析法用於推算解釋變項——我們稱之為共變項（covariates）——對風險率的影響。舉例來說，在離婚事件的分析中，共變數可包括在婚姻期間，不隨時間改變的個人特質（諸如種族、結婚之前的教育程度以及結婚時的年齡等）；以及會隨時間變化的個人特質（諸如職業階級與收入）。非母數分析法並不研究解釋變項與風險率的關係。相反地，風險率的估計是時間的函數；此比率來自不同的分層（strata），像族群，是可由固定時間的類別變項區分出來。事件歷史分析法通常是利用完全母數或不完全母數風險率模式的一種分析方法。本書中所討論的方法便是依據這些模式。

限控（censoring）

　　比起某些傳統的線性迴歸分析法，利用風險率模式分析時段資料的一個主要優點是這個模式可以處理各種的限控的觀察（censored observation）。限控發生因為某一有限的觀察時段，風險期的相關資訊不完整時。圖 1-1 說明迫 6 個限控的例子。除了這 6 個例子之外，某些混合情形也有可能出現。從 T_0 到 T_1 之間，所有個案（subjects）都可觀察，並且我們在此假設時間 T_0 與 T_1 的設定，不受觀察對象影響。實線表示每一個案的風險。末端附有星號＊的實線表示標的事

件（event of interest）的發生。另外，末端爲 0 的實線表示某一非標的事件的發生導致了風險期的結束。例如，當標的事件是非自願性的工作變動時，末端記號爲星號＊的實線表示在雇用期間內非自願性的工作變動，末端記號爲 0 的實線，則表示雇用期間內自願性的工作變動。

Little 與 Rubin（1987, pp.13-15）所介紹資料遺漏的型式有助於我們了解不同限控之間的差異。使用 X、Y 兩變項，我們就可以區分三種不同的資料遺漏型式。Y 變項是無回應（nonresponse），也就是遺漏資料的一個依變項。在本例中，Y 是事件發生之前的風險期，且它會因爲限控受到樣本中的無回應而改變。在本案例中，X 變項表示進入風險期的時機。一般而言，根據對 Y 之無回應是否（1）起因於 Y（也可能起因於 X）；（2）起因於 X，不起因於 Y；（3）與 X、Y 無關這三種情形，我們可以區分三種不同的遺漏資料情形。

Little 與 Rubin 視第（3）種遺漏情形爲隨機性全部遺漏（Missing Completely at random；MCAR），它發生在資料是隨機的遺漏掉（Missing at random；MAR），並且此資料是隨機觀察所得（observed at random；OAR）。當對 Y 的無回應是受 Y 值決定時，此資料並非 MAR；當對 Y 的無反應決定於 X 值時，此資料並非 OAR。因此如果是第（2）種情況則資料是隨機遺漏的（換句話說，MAR），但所觀察的資料並非隨機觀察取得的，而是只有在 X 變項的各層次中隨機取得的。如果是第（1）種情況成立，此資料既不是 MAR，也不是 OAR。

如果資料並非隨機性的遺漏（換句話說，並非屬MAR），我們就必須留心區分兩種情形，（1）Y 變項的資料是在某一已知情況下遺漏的，以及（2）Y 變數的資料是在一未知情況下遺漏的。當遺漏的型式並非隨機性，且是肇因於一未知情況時，研究者將面臨最大的困擾。

　　我們可以將上述不同類別資料遺漏型式應用於圖 1-1 所表示的各種限控。在圖 1-1 中，個案 A 的整個風險期落在觀察時段內，對此一項觀察並無限控問題。

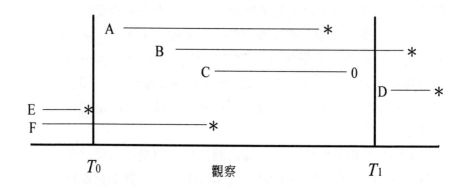

圖 1-1 右端及左端的限控觀察

註：＊＝標的事件的發生

　　　0＝非標的事件的發生

　　個案 B 的風險期在觀察期間內開始，但在時間 T_1 時他（或她）尚未發生標的事件。因此在時間 T_1 對個案 B 的觀察成為右端限控（censored on the right 或 right censored）。這

種右端限控特別是發生在調查日。因我們不知個案 B 離開風險期的日期，即使我們有到限控時間點爲止前風險持續期間的資料，變項 Y 的值（也就是事件發生之前的風險期）仍是遺漏了。

　　爲了要與以下將討論的個案 D 區分，個案 B 的案例亦可稱爲右截缺的觀察案（right-truncated observation）。截缺是代表時段資料局部觀察的一種限控的特例。已知時間 T_1 的不受風險率的影響，就好像在事先決定的調查日的限控[2]，事件歷史分析法足以處理這類的右端限控。在追蹤的觀察中，右截缺觀察常發生在社會科學的研究中，事件歷史分析法處理此類觀察的能力，超越其他如傳統的線性或對數迴歸分析法。依據 Little 與 Rubin 的分類法，右截缺觀察資料的遺漏並非隨機的。那是因爲 Y 值；這個情況是已知的，因爲我們知道觀察現象是何時或如何被右端截缺的。

　　剩餘的四個例子需要額外的說明。就個案 C 來說，此觀察屬於右端限控，這是因爲標的事件發生於觀察期間內，並使 C 脫離風險期。如果終止這觀察的事件是獨立發生的，且不受標的事件發生的影響，則這個例子將不是個問題。例如，在婚姻的分析中，意外死亡的發生可視爲獨立於結婚發生的風險率之外。這是獨立的限控。另一方面，因病死亡事件的發生就不能獨立於結婚事件發生的風險率，因爲當人生病時，他們結婚的機率會降低。此種限控叫作非獨立的限控，本書第七章將討論此類競爭性事件的分析。如果限控不受標的事件影響，對個案 C 的觀察於技術上來說，就可視爲與對象 B 的案例相同的右端限控的觀察。

個案 D 是一個觀察完全被右端限控的案例。個案 D 進入風險期的時機發生在觀察期之後，因此就個案 D 而言，Y 的數值完全不見。換句話說，完全右端的限控，只決定於表示進入風險時期之時機的 X 不受期間 Y 的影響。當 $X<T_1$ 時，我們有觀察的時段資料（包括右截缺的案例），而當 $X \geqq T_1$ 時，我們沒有時段資料（也就是完全的右端限控）。由於我們只關心右端限控，這裡我們便假設 $X \geqq T_0$，根據 Little 與 Rubin 的分類，在右端追蹤的例子中遺漏自 Y 的資料是 MAR。而 Y 觀察資料並非 OAR。因此，除非變項 Y 在統計上與 X 無關，時段變項 Y 的風險率模式就必須將觀察時機變項 X 對風險率的影響納入考慮，以排除樣本選擇的偏差。

舉個例子來說，假設我們有一個來自多重世代的母體（multiple-cohort population），具代表性的橫斷調查樣本（cross-sectional sample），且於時間點 T_1 收集有結過婚者的婚姻史資料。我們想要分析在第一次婚姻期間離婚事件的發生。而且，進入離婚風險期的時機（也就是變項 X 的值）是決定於出生年（及日期）與結婚年齡（及日期）之總和。如果此一總和超過時間 T_1，我們就有一個完成右端的限控觀察。據此，離婚事件的風險率模式必須考慮到出生世代（birth cohort）與結婚年齡的影響，以便控制選樣誤差。在某些例子中，變項 X 的值亦選出可讓分析結果概化的次母體。例如，在上述的離婚事件的分析中，假定我們是從單一群體，而非多元群體取得資料，變項 X 的值便等於某一特定的結婚年齡。如此，有離婚事件之樣本實際上即是一些結婚年齡較小的次母體。

總而言之，個案 D 的資料是隨機遺漏的，但資料並非是在隨機情況下觀察所得的。因此風險率分析模式必須解釋進入風險期之時機對風險率可能的影響程度。實際上，如果變項 X 對風險率的決定有影響，而此一分析模式並未將之列入考慮，不論是否為完全的右端限控，此模式是被誤用了。因此，完全右端限控的出現事實上代表著一個模式誤用的可能性。

　　圖 1-1 的個案 E 代表一個左端完全限控的例子。一般而言，左端限控要比右端限控難處理，而個案 E 又是可能情形中最難的。進入與離開風險期的時機都發生在觀察時期之前。因此對 E 而言，變項 Y 之值是遺漏掉的。被完全左端限控的資料既非 MAR，也非 OAR。因為時段資料的缺少一部份歸因於進入風險期的時機，觀察所得的資料並不是被隨機觀察的。時段資料的缺少歸因於風險期的長短，遺漏的資料也不是被隨機遺漏的。事實上，所有完全左端追蹤的個案都滿足 $X+Y<T_0$ 的條件。再者，導致資料遺漏的情況並不可知，因為我們並不知道事件是何時及如何發生使 Y 變項的值遺漏。所以，由於以下兩個理由，來自左端完全限控的選樣誤差不易解決。第一，不同於右端完全限控，選樣誤差是依變項 Y 本身的未知數值所決定的函數。第二，不同於截缺，資料遺漏的情況是未知的。除非需左端限控的個案數很少，否則母數的推算會產生嚴重的偏差。

　　在圖 1-1 中，個案 F 代表一個需左端限控的例子，又可稱為左端截缺（left truncation），這裡面對的問題不同於個案 E。關鍵是在我們是否有變項 X 這一風險期的起始。如果

沒有，除非如第三章將討論的特例，我們就不能確定個案 F 在 T_0 時，其時段資料的初始值，我們也無法適切地使用個案 F 相關的資料。對於左截缺的時段資料，我們不能將其觀察期的起點視爲風險的起點。同樣的，這一個遺漏資料並非 MAR，而是在未知的情況下遺漏的。

　　另一方面，假設我們現在知道個案 F 進入風險期的時機，以及在 T_0 時段資料的初始值。那麼，Y 的數值並未遺漏。然而從風險期的起點到觀察期 T_0 的起點，我們可能沒時間共變項（time-dependent covariates）的資料（也就是隨時間而改變的解釋變項）。對觀察期間的長短與共變項的值有充分的了解之後，我們可以充分的將個案 F 在 T_0，到事件發生時（或到右限控時間點）的條件殘存（conditional survival）資料納入分析[3]。

　　這裡值得我們注意的是，若我們在研究分析中省略了左截缺與左端完全限控兩種觀察資料，遺漏的資料是 MAR，但觀察資料並不是 OAR。資料無回應的機率，因此並不受 Y 期間影響，只取決於進入風險期 X 的時機。例如，我們可以分析一群在一已知時間 T_0 或以後結婚者的離婚事件。我們就可以用進入風險期的時機對危險率的影響，來處理選樣偏差。然而，我們必須在這裡假定變項 X 不受變項 Y 的影響。確切的說，在比如工作職位變動這類重複事件的分析中，剔除了左端截缺與左端完全限控之後，遺漏的資料將不會是 MAR。這是因爲對同一對象而言，X 的值有賴於之前的期間 Y 值。

　　限控可說是一個重要且複雜的議題。如前所述，這個議

題突顯了事件歷史分析法的優點，因為事件歷史分析法可以在任何情況下適當地處理許多需限控的個案。另一方面，任何對右端追蹤個案的簡單處理，諸如將這種個案從分析中排除，或者是指定一數值給大於觀察值的這個時段，都會在推算母數時產生嚴重的偏差（Tuma & Hannan, 1979）。

如果研究者想分析，在一固定的時段中，事件發生的決定因素與事件不發生之間的交互作用，右端限控的問題則可避免。例如忽略掉事件不發生的時段，一個研究者可以只分析前三年就業期內，在公司內職位變動的發生相對於不發生的觀察資料。如果研究者對每一對象從就業之初開始做三年連續的觀察，則此一分析在技術上來說是適當的[4]。

然而，這種方法有三個主要的限制。首先，二分類別的依變項會導致三大類資訊的大量流失。（1）在那些三年內遇到此一事件的人當中，事件發生時機的差異，（2）對三年觀察期間之後遇到此事件者而言，事件發生的時機，以及（3）對未遇到此事件者來說，更長的就業期間。其次，時間的共變數（也就是解釋變項的值會隨時間而改變）不能用於此一分析模式中。第三，以及可能是最嚴重的是，當共變項對公司內部工作變換的風險率的影響是隨時間而變化時——也就是說當共變項與就業期間對風險率有交互影響時，分析結果就會因觀察時間的長短有所改變。例如觀察期間是兩年而不是三年時，共變項對公司內部工作職位異動之發生與否的影響，可能有顯著的改變。在後面的章節中，我們將舉數個實例說明時間與共變項交互作用對風險率的影響。二分類別的依變項的限制便可在這些實例中找到。

風險率，殘存函數與概似函數

　　事件歷史分析法是在模式化風險率。風險率〔或稱之為風險函數，h（t）〕是指已知某事件在時間 t 之前未發生過的情況下，事件在時間 t 發生的機率。風險函數 h（t），也可定義為發生事件 f（t）之無條件情況下立即的比例除以殘存比率（或者殘存函數）S（t）所得的比例值。S（t）是在時間 t 之前，事件未發生的比例。

　　以公式說明之，T 為一事件發生之風險期間的一個隨機變項，則風險率 h（t）可計算如下：

$$h(t) = \lim_{t \to 0} \frac{P(t + \Delta t > T \geq t \setminus T \geq t)}{\Delta t} = \frac{f(t)}{S(t)} \quad (1.1)$$

　　其中，P（t+Δt>T≧t\T≧t）代表在已知該事件並未發生於時間 t 之前的前提下，事件發生於（t, t+Δt）這段時間的比例。

　　殘存函數 S（t）的計算公式如下：

$$S(t) = P(T \geq t) = \exp\left[-\int_0^t h(u)\, du\right] \quad (1.2)$$

　　該事件無條件發生於時間 t 的立即機率 f（t），又稱之為 T 的機率密度函數，計算公式如下：

$$f(t) = \lim_{t \to 0} \frac{P(t + \Delta t > T \geq t)}{\Delta t} = h(t) \exp\left[-\int_0^t h(u)\,du\right] \qquad (1.3)$$

一般而言，如果我們若知 h（t），S（t）或 f（t）的其中任一個，就可得知其餘兩者的值（見模式分析 Kalbfleisch 及 Prentice, 1980）。因此我們可藉著確認共變項與任一個函數的關係模式分析時段資料。

然而事件歷史分析法多半是用風險率 h（t）來表達，而非 f（t）或 S（t）。如此作法是基於以下幾個理由：（1）在一特定時間之前，事件尚未發生在當事人身上的情況下，我們非常需要考慮當事人在此一時刻的風險；（2）如果此一風險決定於某些因時間變化的共變項，就可容易地表達該群共變項對風險率的影響程度；以及（3）有某個層次的分析模式，稱之為比例風險模式，可用在不需涉及時間（或風險期間）對風險率的影響的函數上。第（4）點屬於下列的情況，那就是假設一個時間的共變項 $X(t)$，對 h（t）有影響，則 f（t）與 S（t）兩者不僅決定於 $X(t)$，且決定於 $X(s)$ 之前的數值，$s \leq t$。因此，如果不先以模式表達清楚 h（t），則要對當 $s \leq t$ 時，f（t）或 S（t）決定於 $X(s)$ 的方式下一合理的假設將不容易。第（3）點是屬於第五章與第六章將討論的關於 Cox 分析法的運用。

在欠缺左端限控觀察情況下[5]，一組獨立的時段觀察資料 $i=1,2,\cdots\cdots,I$ 的概似函數可表示如下：

$$\prod_{i=1}^{I} h_i(t_i)^{\delta_i} S_i(t_i) \qquad (1.4)$$

其中 t_i 是第 ith 個樣本在風險狀態的時期,而 δ_i 是代表每一觀察個案 i 的虛擬變項(dummy variable),用以表示該事件是發生於時間 t_i(則 δ_i =1),或者該觀察個案是被右端限控(則 δ_i =0)。因為危險函數與殘存函數都決定於每一觀察個案特有的共變項的值,兩者都有下標 i。

公式 1.4 說明了遇到一個事件發生的個案 i,他或她對概似函數的貢獻為 $h_i(t_i) S_i(t_i)$,亦即在時間 0 到時間 t_i 之間,該事件未發生的機率乘以在時間 t_i 時,該事件會發生的風險率。相乘的結果便是在時間 t_i 發生該事件的機率密度函數,也就是 $f_i(t_i)$。對需右端限控的個案 i 來說,他或她的貢獻變成 $S_i(t_i)$,亦即從時間 0 到時間 t_i 期間,事件未發生的機率。因此,針對這類需右端追蹤的觀察個案,我們可以了解在未遇到事件發生之前到限控時這些個案殘存的情形,而無需對事件在未來之發生時機作任何假設。

母參數的最大概似值可經由以下步驟得之。(a)指定 h(t)為 t 的一個具體函數,以及(b)求得一組會增大概似函數的母參數的估計值。依 h(t)建立的分析模式將在後續章節中說明。

本書的結構與特色

　　包括本章在內，本書共有七個章節。接下來五個章節將說明三個相關但分開獨立的分析模式及其應用。最後一章則是重要議題的總結與討論。

　　第二章及第三章說明離散時間對數迴歸分析模式（discrete-time logit models）及其應用。離散時間模式在處理時間的測量單位比較粗糙，例如年次或個人年齡時很有用。在第二章將討論單維轉型分析（one way transitions），第三章則將討論二維轉型分析（two way transitions）。

　　第四章將討論連續時間之固定率的對數比模式（log-rate model of continious-time piecewise constant rate），此對數比模式雖未被廣泛使用，但對於如何以多元模式分析比率資料，以及本書其他章節所說明的各種分析模式皆很重要。

　　第五、六章說明連續時間比例風險模式。這是應用 Cox 的局部概似法（partial likelihood method）分析模式。依據最大概似法估計而非 Cox 分析法的連續時間模式，也在這兩章中討論，但其應用情形則不再說明。在第六章討論比例風險模式，非比例風險率模式，以及分層模式。第七章說明時間共變數的分類法及其應用。討論的內容也包括在歷史事件分析法中，這些共變數之影響效果的因果解釋與注意事項。

　　本書中各分析模式的應用是根據標準統計套裝軟體中的程式。離散時間對數模式主要是利用 SAS、LOGIST 與 BMDPLR 程式。對數比模式主要是利用 SPSS 對數線性

（LOGLINEAR）程式。比例危險模式及其相關模式主要是利用 BMDP2L 程式。其使用方法將在各章節中分別說明。本書中大多數的模式應用方法，在資料的應用上有全部或部分的重覆現象。從第二到第六章每一章節都提供加深理解與運算能力的練習。這些練習包括需在每一章中反覆使用某些分析方法的問題，以及其他額外的問題。

本書另外的特點是。著重在各種分析法的實際應用。因此，我們強調對實用且易懂的討論。比如（1）樣本分析模式以及共變數的正確使用與誤用；（2）輸入的資料的結構安排；（3）在特定電腦程式中不同的分析模式之說明；以及（4）從模式中所得母數估計值的解釋。

本書也強調從應用觀點建立模式的重要性。一般來講，我認為良好的分析模式必須滿足下列三個條件。其中第一個條件是非常基本的。只有當抽樣分配適合於已知的一組資料的統計學假設，一個分析模式才是好的模式。 雖然本書中觸及到一些與此相關的議題，但離完整的說明還有一大段距離。至於與這議題有關的更深層的模式建立所須的技術則超出本書的範圍。

第二個條件牽涉到模式的選擇。即使一個模式滿足抽樣分配的假設，它也可能是不適切的使用母數。因此我們的重點是在所選擇的模式要能夠精確地突顯某一組選擇變項與風險比率之間的關係。在眾多挑選模式的方法中，本書引用概似比（Likelihood Ratio）與其他的卡方檢定來比較各群的分析模式。分析模式的選擇與應用，將用於本書中所討論的三類方法與分析模式中說明。

最後，良好的模式與實質假設驗證間有密切的關係。事件歷史資料的模式建立與實質假設的建構的連結雖重要，卻常被忽略爲一個非方法學的議題。不過，了解事件歷史分析法之使用，可以幫我們操作特定假設，甚至確認有實質重要性的假設。本書將在接下來的五個章節中以具體的應用說明提供這方面的知識。本書的應用說明包括了在不同重要領域中的經驗研究，包括公司間工作職位異動的分析、結婚、大專生的退學、以及個人能力層次的改變等等。在最後一章，將總結並演申實質研究與事件歷史資料分析之間的關聯。

註釋

1. 然而，兩者的定義有點的差別。某些比率模式可以適當地視為時段模式。後者的例子是轉型率的 Markov 過程分析模式。欲了解那些以截缺時段為主而不完全考慮時段的一般模式，請參考 Chapter 3。

2. 限控在一定時間點觀察之終止，猶如限控抽樣調查之日期，我們稱之為第二類（*type II*）右端限控。另一方面，限控在特定的一些事件之後觀察終止，則稱之為第一類右端限控。兩者都是獨立限控的例子，可被事件歷史分析法適當地處理。更進一步的討論參見 Kalbfleisch 與 Prentice（1980）。

3. 已知觀察期間的初始 t_{0i}，則在對象 i 到 t_{0i} 時依然存在的情況下，我們就可以得到一個條件的概似函數（conditional likehood function）。其算法是以條件殘存機率[conditional survivor probability；$S(t_i)/S(t_{0i})$]替換殘存機率 $S(t_i)$：

$$S(t_i \setminus t_{0i}) = \exp\left[-\int_{t_{0i}}^{t_i} h_i(u)\, du\right]$$

因此，如果我們知道 t_{0i} 的數值以及對象 i 從 t_{0i} 到 t_i 的 $h_i(t)$ 的數值，我們就可用條件概似函數分析對象 i。

然而，如果風險率模式有因無法觀察的異質性樣本所導致的隨機誤差（將於第六章討論），則邊際的條件概似函數就不能只以觀察對象從 t_{0i} 至 t_i 之間 t_{0i} 與 $h_i(t)$ 的數值來表示。

我們還需要了解從 0 到 t_{0i} 期間的共變項。因此，在正確模式裏存在著隨機誤差這一假設下，左端截缺的案例無法適當加以處理。

4. 使用迴歸分析的互補對數-對數函數——亦即 $\ln[-\ln(1-P)]=b0+\sum i\ bi\ Xi$，$P$ 表示在既定期間內事件發生的機率——則可以估算風險率模式中的母數。邏輯迴歸法的應用（logistic regression）則成為另一個模式，殘存函數的對數模式，但其母數的估算方式相似於當 P 值小時的互補性對數——對數的模式所用的方式。

5. 參見註 4.

2

離散時間對數迴歸模式，
Ｉ：單維轉型分析

方法與模式

　　本章及下一章說明離散時間對數迴歸模式（discrete-time logit models）在事件歷史分析中的應用。離散時間模式假設標的事件只發生於離散的時間點。本章將著重在討論不可重覆的單維轉型，也就是，一個人從某一狀態到另一狀態只發生一次的案例。不可重覆的事件包括生命事件中的初次結婚、第一個全職工作、第一次吸大麻等。下一章則著重可重覆的單維與雙維轉型分析，也就是對許多人而言，從某狀態轉型到某種可發生一次以上的狀態（可重覆的單維轉型），以及可從狀態 A 重覆轉換到狀態 B，再從狀態 B 反轉回狀態 A（重覆的雙維轉型）。重覆事件包括生命事件中的離婚、工作職位的變動、再嚐試毒品的滋味等等。

主要有兩個方法可以分析離散時間事件歷史資料：比例風險模式與對數迴歸模式。在本書中，我只說明對數迴歸模式的應用，因為標準統計套裝軟體中的邏輯迴歸程式可讓我們作此類資料的分析。如果共變項是類別型的，電腦程式中的對數線性分析也可應用於對數迴歸模式。讀者可參見 Klableisch 與 Prentice（1980）對離散時間比例風險模式的說明。

應用離散時間模式有下列的好處。首先可將離散時間模式用於趨近連續時間模式（continious-time models）。雖然以此趨近方式必然會導致母數估算值的誤差，但是在已知該事件並未發生於每一時期前，並且該事件於每一離散時刻發生的條件機率變小的情況下，可以忽視這樣的誤差。另一方面，離散時間模式有一優於連續時間模式之處是它可應用 Cox 法處理等值（*ties*）的情況，本章稍後將有進一步的說明。

應用離散時間模式的其他理由在於可處理兩種狀況：（1）事情真正發生的過程在時間上確實是離散式的；（2）當來自追蹤資料（panel data）的變項屬兩分類別時。後者將於下一章討論。

本章裏我將用離散時間模式趨近連續時間模式。下一章則將介紹使用離散時間模式時的基本假設。

本章中所說明的離散時間對數迴歸模式主要是根據 Cox（1972）與 Brown（1975）。關於此一研究法的討論也可參見 Allison（1982）。

在本章中，分析模式會應用時間共變項；也就是隨時

間變化的解釋變項。也會討論運時間共變項的注意事項。但是，對於時間共變項應用的全面性討論，則於第六章中討論。最後，本書假設我們知道所有樣本個案進入風險期的時機。

何時較合適我們應用離散時間模式趨近於連續時間模式？

應用離散時間模式以趨近於連續時間模式需有三個相關的考量。第一個考量是關於所測量事件的時間單位。除了專為收集事件歷史資料所特別設計的調查研究之外，一般調查研究中並不常用精確的時間單位來測量事件發生的時機。我們常使用相當大的間距作為測量單位，譬如年或個人年齡，較少用年、月、日為單位。所以，一個模式反應出離散時間的測量是很自然的事。

第二個考量，是關於所有資料中等值（*ties*）的數量。當樣本中兩個或兩個以上個案在同一時間發生預期事件，在這個時間點上，事件便處於等值的狀態。雖然在內部的連續時間歷程中，事件等值的機率等於 0，但等值的情形依然存在於所有資料中，因為事件是以離散時間為單位測量的。在引用 Cox 的方法建立比例風險分析模式時，如同第六章所說明的，大量的等值案例會使母數推算值產生嚴重的誤差。離散時間模式能夠處理等值的問題，不使母數估計值產生誤差。

第三個也是最重要的考量是關於從離散時間模式中取

得的趨近值之適當性。此一考量與預期事件於離散時刻發生的條件機率有關。離散時間模式，包括對數迴歸與比例風險模式，只有在此條件機率小到一個合理的程度，才可適當地趨近於連續時間模式[1]。

離散時間模式

假設 T 是一個離散隨機變數，它表示事件發生的時機。如果 $T = t$，則表示此一事件發生於時間 t。假設在母體中，事件於時間 t 發生的機率為 $f(t)$，那麼

$$f(t_i) = P(T = t_i) \qquad i = 1,2,... \qquad （2.1）$$

此處 $t_i\ (i = 1,2,\cdots)$ 是當 $t_1 < t_2 < \ldots$ 時，第 i 個離散時刻。則該事件在時間 t 之前未發生的機率，也就是，殘存函數 $S(t)$ 為

$$S(t_i) = P(T \geq t_i) = \sum_{j \geq i} f(t_j) \qquad （2.2）$$

在時間 t_i 的風險是當事件在時間 t_i 之前並未發生的情況下，該事件在時間 t_i 發生的條件機率（conditional probability）為

$$\lambda_i = P(T = t_i \setminus T \geq t_i) = f(t_i)/S(t_i) \qquad （2.3）$$

依此，我們亦可得出：

$$S(t_i) = \prod_{j=1}^{i-1} (1 - \lambda_j) \qquad （2.4）$$

如此一來，對於條件機率 $\lambda_j, j = 1,2\cdots$ 的母數設定則變成一個離散時間風險模式。

離散時間對數迴歸模式
（依據 Brown,1975；Cox,1972）

離散時間對數迴歸模式是用對數迴歸（Logit）或機會值的對數（odds）等概念加以定義的。機會值其實就是兩個不相容狀態各自發生機率的比值。具體地說，對一已知機率 P 而言，其機會值變為 $P/(1-P)$。對數迴歸便是指 P 的機會值的對數——也就是 $\ln[P/(1-P)]$——再取自然對數。

在離散時間對數迴歸模式中，我們可建立條件機率機會值的分析模式。這一模式基本上假設，對母體中的任何人而言，事件於每一離散時刻 $t_i, i = 1,2,\cdots$，發生機率的機會值與代表一組共變項之基本狀態（baseline states）的一些人發生某事件的機會值或比例，可表示如下：

$$\frac{\lambda(t_i; X)}{1 - \lambda(t_i; X)} = \frac{\lambda_0(t_i)}{1 - \lambda_0(t_i)} exp\left[\sum_k b_k X_k\right] \qquad （2.5）$$

其中 $\lambda(t_i; X)$ 表示當在一已知的共變項向量 $X = (X_1, \cdots, X_k)$ 與 $b_k, k = 1, \cdots, K$ 為母數時，事件在時間 t_i

發生的條件機率。基本風險函數（baseline hazard function） $\lambda_0(t_i), i = 1, \cdots, I$ ，是從共變項向量 $X = 0$ 時的條件機率。公式 2.5 也表示，針對每一離散時刻發生某一事件的機會值來說，那些有共變項 X 的人，會有 $\exp(\sum_k b_k X_k)$ 倍高於在基本組裏的人的機會值。此一模式亦顯示，在其它共變項已控制的條件下，一單位 X_k 的增加會導致事件發生的機會值增加（或減少） $\exp(b_k)$ 倍。

當時間的測量單位愈來愈精細，兩個機會值的比值——也就是 $\{\lambda(t_i;X)/[1-\lambda(t_i;X)]\}/\{\lambda_0(t_i)/[1-\lambda_0(t_i)]\}$ ——會趨近於兩個機率的比值—— $\lambda(t_i;X)/\lambda_0(t_i)$ 。因此，我們就可推算出一個連續時間比例風險模式（參見第四章與第五章對連續時間比例風險模式的描述）。因此，當條件機率夠小，這個對數迴歸模式就可提供建立一個連續時間比例風險模式的近似值。

公式 2.5 可表示為以下的邏輯迴歸公式（logistic regression form）

$$\ln\left\{\lambda(t_i;X)/\left[1-\lambda(t_i;X)\right]\right\} = a_i + \sum_k b_k X_k \qquad (2.6)$$

其中 a_i 等於基本組的機會值取對數。

如果所有共變項 X 與時間無關（換句話說，他們不隨時間而變化），我們就可建立一個比例機會值模式。在此一模式裡，一個事件發生的機會值——亦即 $\lambda(t_i;X)/[1-\lambda(t_i;X)]$ ——形成一個有別於共變項的分散

時刻的固定比例。從這一方面來看，比例機會值模式類似於第四與第五章所要討論的比例風險模式。比例機會值模式中的機會值的比值是時間常數（time-constant）；而比例風險模式中的風險率之比值是時間常數（關於以時段資料建立的比例機會值模式的進一步說明，見 Cox & Oakes, 1984）。我們也可以應用時間共變項 $X(t)$ 來檢驗非比例機會值的模式。如同稍後將說明的，時間共變項可包括時間與其共變項的互動影響效果。

在某些案例中，我們可能利用母數模式（parametric modeling）分析時間效應。此一模式在公式 2.6 中以 at_i 或 $a\ln(t_i)$ 取代 a_i，是類似於將在第四章討論的 Gompertz 與 Weibull 兩模式。線性時間趨勢或對數線性時間趨勢被假設為條件機率的對數機會值而非對數機率，同時也被界定為離散時間點。

與離散時間比例風險模式相比，離散時間對數迴歸模式的一個優點是我們可以使用邏輯迴歸（logistic regression）程式來估算母數的值。但是傳統的邏輯迴歸分析與應用邏輯迴歸法來分析離散時間的事件歷史資料，兩者在資料輸入之結構上並不相同。前者以每一樣本個案為一個觀察個案，後者以每一樣本個案為多個觀察個案。因此，邏輯迴歸分析所使用的資料必須以一個特別的方式排列，這點將在後面說明。

卡方的檢定與巢狀模式的比較：

卡方檢定是用來選擇分析模式的。對離散時間對數迴歸模式來說，我們必須區分何時使用總體資料（aggregate data）或個人時段資料（person-period data）。依據所輸入的資料與電腦程式，我們會得到兩個不同的概似比卡方值（likelihood-ratio chi square statistics）。

概似比卡方檢定（the likelihood-ratio chi square for goodnes-of-fit tests），G^2，是用來檢定模式化交叉分類次數型的資料之適合度。此一檢定可計算如下：

$$G^2 = 2\sum_i f_i \, \ell n(f_i / F_i) \qquad (2.7)$$

其中 f_i 是在狀態 i 時觀察所得的事件發生的總次數（aggregate-level frequency），而 F_i 則是從該模式中計算出來的期望次數。狀態組 $i, i = 1\cdots$，表示在離散時刻的交叉分類以及共變項的類別狀態。此一卡方值表示從模式中得出的一組期望次數組與觀察所得的一組次數之間的差異。若在某自由度下，此值較大表示此一模式適合度較低。G^2 值在統計上的不顯著指的是我們不能放棄觀察所得的次數資料是源自分析模式這個虛無假設。統計值 G^2 也可以表示如下：

$$G^2 = 2 \; [（\text{log-飽和模式的概似值}）$$
$$-（\text{log-被檢定模式的概似值}）] \qquad (2.8)$$

其中飽和模式中的母數個數與交叉分類次數資料中類別的總數相等。因此,它的期望次數等於觀察次數(參見第四章對飽和模式更進一步的說明)。G^2值可從使用總體資料的邏輯迴歸程式中計算得出,例如 BMDPLR,亦可使用對數線性程式(譬如 SPSS-LOG LINEAR 與 SAS-CATMOD)。

另一概似比卡方L^2,可採用個人時段資料(參見後面說明)以公式計算得之。L^2可表示如下:

$$L^2 = 2 \left[(\text{log-被檢定模式的概似值}) - (\text{log-定比模式的概似值}) \right] \qquad (2.9)$$

其中的定比模式(constant rate model)只包括常數的。因此統計值L^2用在檢定不包括常數之一組母數組成的模式。在一已知自由度下,L^2值愈大顯著程度愈高。L^2值在統計上的不顯著表示被檢定的模式並未明顯的優於定比模式。電腦程式 SAS-LOGIST 與 SPSS-LOGISTIC REGRESSION,(但不是 SPSSX-PROBIT)可計算得出L^2。BMDPCR 則可從計算出來的L^2值計算對數概似值。

從公式 2.8 及 2.9 可以看出,對我們想選用的模式來說,這兩個卡方檢定統計值在比較模式上有差異。G^2與L^2兩種概似統計值都可用於巢狀模式(nested model)的比較。這些檢定都一樣,因為在巢狀模式 1 與巢狀模式 2 之間,$G_1^2 - G_2^2 = L_2^2 - L_1^2$是維持正確的。兩個模式被巢狀化是專指其中一個模式的建立來自另一模式加上一些母數

的唯一情形。用於比較巢狀模式的概似比值檢定假設包含較多母數的模式為兩者中的正確模式。因為 L^2 無法提供檢定適合度的方法，這個假設難以用 L^2 以檢驗，但可以用 G^2 來檢驗。一般而言，只有當此一模式有較小的 G^2 值可配合既有資料之分析時，才適合用 G^2 值來比較巢狀模式。

本章中只有概似比之檢定可用來選擇分析模式。雖然模式的選擇可能建立在一套可用以比較一套非巢狀模式（non-nested model）的不同程序上，譬如 AIC（Akaike, 1974, Sakamoto, Ishiguro, & Kitagawa, 1986）以及本書不採用的 BIC 程序（Raftery, 1986; 亦可參見 Heckman & Walker, 1987; Schwarz, 1978）。用於比較巢狀模式的概似比檢定，是在檢定除了隨機變異導致的差別之外，由分析模式所得的期望值都是相同這個虛無假設。如果在一定的自由度下兩個巢狀模式之間的卡方值有顯著的差異，我們就應該放棄此虛無假設，並且判定包含較多母數的模式會比較少母數的模式更適合。另一方面，如果兩者的卡方值的差異不顯著我們便不能放棄虛無假設。如此，我們便必須接受較少母數的模式。

資料的建構

應用離散時間對數迴歸模式時，資料如何建構是很關鍵的問題。以下說明建構資料的兩種方式：個人層次（person-period）及總體層次（aggregate-level）的資料。

個人時段記錄檔案的使用

如果分析模式中包含了數個時間共變項，最容易的方式是建構一個個人時段的記錄檔案。對每一個樣本個案以及其面臨某事件之風險的所有離散時刻，這個檔案記錄了標的事件發生或不發生的情況以及時間共變項與時間獨立變項的值。

表 2-1 個人年齡記錄檔案

ID	AGE	RACE	EDUC	MS	ID	AGE	RACE	EDUC	MS
1	13	0	1	0	3	13	0	1	0
1	14	0	1	0	3	14	0	1	0
1	15	0	1	0	3	15	0	1	0
1	16	0	1	0	3	16	0	1	0
1	17	0	1	0	3	17	0	1	0
1	18	0	2	0	3	18	0	0	0
1	19	0	2	0	3	19	0	0	0
1	20	0	2	0	3	20	0	2	0
1	21	0	2	0	3	21	0	2	1
1	22	0	2	0	4	13	0	1	0
1	23	0	2	0	4	14	0	1	0
2	13	1	1	0	4	15	0	1	0
2	14	1	1	0	4	16	0	0	0
2	15	1	1	0	4	17	0	0	0
2	16	1	1	0	4	18	0	0	0
2	17	1	1	0	4	19	0	0	0
2	18	1	0	0	4	20	0	0	1
2	19	1	0	1	5	.	.	.	.

表 2-1 是一個假設的例子，是分析結婚的個人年齡記錄檔案。這裡假設所有研究個案都在十三歲時進入風險期。為求簡化，假設此檔案有五個變項－－ID，AGE，RACE，EDUC，MS。ID 以連續數字區分五種不同的研究

對象；AGE 表示年齡的記錄；RACE 是區分兩個種族團體的虛擬變項；EDUC 是一表示受完整正規學校教育的時間，其中以 1 表示中等教育，2 表示中等以上教育，0 表示未受正規學校教育；而 MS 是婚姻狀態，其中 0 表示婚前的單身時期，1 表示結婚時的年齡。

在結婚事件分析中，結婚前的所有年齡時段（age periods）（十三歲及以後）以及結婚當時的年齡都記錄在上述檔案之中。至於所有其它年齡時段都從檔案中省略掉。如果這一單身的時段有限控，這一檔案便包含了在限控年齡之前的記錄。在表 2-1 中，第一個個案（ID=1）於調查期間爲 23 歲，仍未結婚。因此他或她的 MS 記錄全都是 0。其它三個個案的記錄終止在結婚之際，分別爲 19，21，20。變項 MS 可當作邏輯迴歸的依變項。隨時間變化的變項 EDUC 可轉化爲一對虛擬變項，用以表達在三種教育程度上的類別區分（categorical distinction）。EDUC 也可用於產生另一虛擬變項，比如第一次結束正規學校教育之前與之後的區分。

同樣地，在以個人年齡記錄分析離婚事件時，個案在結婚時的年齡便進入了風險期。他們會一直停留在風險期，直到離婚之後或者是到了需限控的年齡。所以在這種情況下，進入風險期的年齡依個案不同有別。要緊的是，檔案中必須包含有表示婚姻時段的變項，因爲風險率模式以此變項作爲時間變項。其實，年齡本身便可作爲離婚風險率的時間變項。

想要區分競爭事件的研究者可以用不同的編碼表示每

一個類型的事件。舉例來說，我們可以將在不同公司工作變換的不同類型定義爲競爭事件，比如自願與非自願工作變換，或者來自未婚同居狀態的不同類型的轉變，比如與伴侶分手或與伴侶結婚。一個特定的編碼可以視爲事件發生一次，而其它的編碼可視作表示被限控的觀察個案。關於競爭事件更進一步的討論參見第七章。

　　雖然個人時段記錄檔非常有用，但與總體輸入資料比較，仍然有幾個可能的缺點。首先，個人時段資料檔可能相當龐大，以至使用成本高。如果研究對象有兩千個，在風險期內每一個案平均有五十個觀察時點，則這個檔案可能會有超過十萬筆記錄。節省電腦計算時間與成本的一個方法是在探測性的初步分析時，使用以 OLS 估算程序的傳統線性迴歸來分析個人時期資料中 0-1 的依變數，然後在最後的分析中，僅作一組選擇的模式作邏輯迴歸分析。其次，如果研究者希望在檔案中記錄所有可能的依變項與自變項以利分析，個人時期檔案的製作可能會耗掉很多時間。因此，使用總體次數資料，便成爲一個省時的替代方法。雖然，這個方法只有在時間共變項不多的條件下才可行。第三，總體次數資料可以提供概似比值卡方值 G^2 檢定分析模式的適合度。

總體資料的建構

　　許多邏輯迴歸程式允許檔案資料以觀察個案的數目來加權。因此在離散時間對數迴歸模式中，使用總體次數資料是可行的。此種次數資料的建構在下列模式中尤其易

懂：（1）只有少許或無時間共變項的模式，以及（2）模式中所有共變項，包括獨立時間變項在內，都屬於類別型變項的模式，且其中時間變項與共變項加起來的數目遠小於在個人時段資料筆數。關於計算總體輸入資料的程序其說明如下。這個程式可在 SAS 中順利轉為電腦程式，並且可與 SAS 與 BMDP 的程式相連。

關於時間共變項案例的計算程序，我們可以簡單地概括一些時間共變項的計算方式。然而，將此一程序運用在包含較多時間共變項的資料上則不可行。此一程序有下列幾個必要的步驟。假設在此分析中，引用了 N 個獨立時間變項與一個時間共變項 X。

- 步驟一：用 N 個獨立時間變項，來分類個別資料。
- 步驟二：依照圖 2-1 所表示的程序處理已分類資料的每一部分，且不要改變資料中獨立時間變項的值。
- 步驟三：在獨立時間變項之值改變的每一時刻，產生一個新的檔案。

其中，一筆資料包括（1）在時間 t，X 變項處於狀態 k 條件下的事件（發生）次數 $[\#\text{EVENTS}_k(t)]$；（2）在時間 t 與狀態 k 下 $[\#\text{RISK}_k(t)]$；（3）時間 t 值；（4）X 變項的狀態 k，設全部的 $t = 1, \ldots, T$，且所有的 $k = 1, \ldots, K$；以及（5）全部的 N 獨立時間變項的值。如

此，在新檔案中一筆記錄裏有 $4TK + N$ 個變項。

- 步驟四：根據步驟三所產生的檔案，並依下列方式排列資料。每一筆記錄，將分別依照每一個別 時間 t 與個別狀態 X ， k 的配對記錄輸出到一個新的檔案裏。如此，每一筆舊檔案記錄便產生了最大爲 $2TK$ 個的新記錄。以下所定義的每一筆新記錄便有三個主要變項（DEP,OBS,TIME），再加上包含 X 的 $N + 1$ 個共變項。新變項 DEP 以 1 表示事件的發生，以 0 表示事件未發生。

對每一時間 t 的記錄 1： $DEP = 1, TIME = t,$
$OBS = \# EVENTS_k(t)$ 。

對每一時間 t 的記錄 2： $DEP = 0, TIME = t,$
$OBS = \# RISK_k(t) - \# EVENTS_k(t)$

為了要減少記錄的筆數，輸出資料建立的檔案可以只包括 OBS > 0 的個案。

應用邏輯迴歸分析處理總體資料時，我們分別以 DEP 與 OBS 作爲依變項與記錄的加權值。

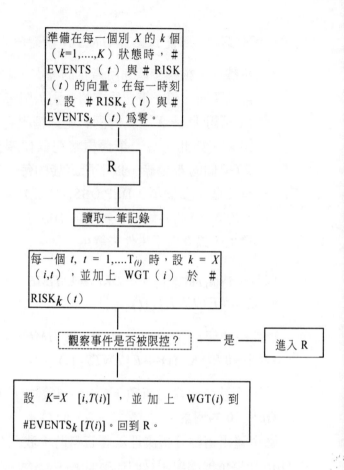

圖 2-1 當一個時間共變項 $X(i,t)$ 有 K 個狀態時，計算 #
EVENTS$_k$（t）與 # RISK$_k$（t）的步驟

註：WGT（i）：　對第 i 個人（如果有的話）的個別抽樣加權值。如
　　　　　　　果沒有特別指定，此加權值為 1。
　　　T（i）：對第 i 個人觀察終止的時刻。
　　　X（i,t）：對第 i 個人在時刻 t 的狀態 X。

生命史研究中共變項的某些誤用

　　這個章節中，我以生命史研究所使用的假設說明結婚事件的分析。接著討論生命史研究對共變項的兩個誤用。這些討論的內容應可用到一般的風險率模式。

預測生命事件中對生命史特性的誤用

　　此節所要討論的原則很簡單的，就是不要為風險期中的生命史轉型產生與時間無關的特性。

　　分析事件歷史資料的研究者都會對生命事件之間的互賴感到興趣。然而，當研究者將一個事實上與時間相關的生命史共變項視為與時間無關的變項來預測生命事件的發生時，便有誤用共變項的可能。

　　假設在分析離婚風險率的模式中，研究者用一個與時間無關的共變項分辨個案是否有婚生子女。這個共變項很可能有一個負的係數，這表示有婚生子女的人較不可能離婚　。然而，此一模式可能根本就界定錯誤。這個負係數的出現不是因為上述的因果解釋，而是因為結婚較久的人產生婚生子女的風險期較長。因此，依變項，也就是婚齡的長短影響了共變項的值。這個問題要如何解決呢？唯一的解決辦法就是將有無婚生子女視為時間共變項。如果調查中並未有衡量子女出生時刻的準則，研究者就不能以子女出生作為離婚事件發生與否的指標。

一般來說，生命史特性只有在共變項反應了風險期之前的狀態時才能作為解釋事件發生的時間獨立變項。舉例來說，預測離婚事件，研究者納入個案是否未婚生子的變項，是合情合理的。另一方面，進入風險期之後，可改變的所有生命史狀態必須視作時間共變項。除非它們被限制為風險期開始時的狀態，比如以結婚當時的教育程度作為離婚的指標。

誤將轉型發生前後的區分當作是一個時間共變項

正確使用生命史特性之共變項所需遵照的第二個原則一樣簡單，就是不要將一個時間共變項當作是生命史轉型最後發生之前／後的區分。

有人甚至會誤用時間共變項來表達不同的生命史狀態的特性。許多橫斷調查依照個案首次進入或終止某種狀態的時刻收集資料。比如首次任職與首次結束正規學校教育。調查研究也收集個案最後一次進入或終止某種狀態時刻的資料，比如最後一次結束正規學校教育的時刻。由於缺乏詳細的生命史資料，有些人可能希望定義一個時間預測值，作為個案在一生命史轉換之前與之後的狀態。例如，以任職或結束學校教育的時刻作為結婚的時間預測值。

我們可以利用生命史之轉型第一次發生時的資料來建構可以區分轉換前後的時間共變項。然而，以最後一次轉換作為運用共變項的依據，這種作法會使母數估計值產生

誤差。這個偏差是由於可以區分生命史最後一次轉換之前與之後的共變項之值而產生的，這誤差因調查限控的時機而異。但，這種作法違背了共變項之值與限控時機無關的假設。

　　圖 2-2 說明了兩個變項 XF 及 XL 的值，在兩個不同限控時間點的編碼方法。實線表示學校教育的期間。每一期間由 XF 變項以代碼表示爲個案首次結束學校教育之前（XF=0）與之後（XF=1）的狀態，每一時期由變項 XL 以代碼表示爲個案最後一次結束學校教育之前（XL=0）與之後（XL=1）的狀態。這個圖顯示在不同的限控時間內，XF 的值並未改變；如果觀察時間延長並納入另一次學校教育時期，XL 的值會因此改變。這個例子證明了當 XF 的值與限控時間無關時，XL 的值則與限控時間有關。

應用：結婚時機的分析

資料與共變項

　　以下所使用之 25-64 歲男性的資料來自 1973 年的職業變遷調查。這個調查遵循 1962 年 Blau 與 Duncan（1967）的調查研究。Featherman 與 Hauser（1978）報告了 1973 年調查分析的主要結果。Hogan（1978）曾在一與本書相關的研究中引用了這些調查資料。

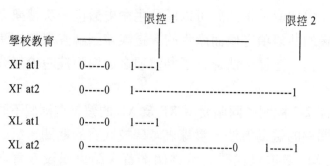

圖 2-2 變項與限控

註：XF 是表示第一次「結束學校教育前後」的共變項

　　這次調查所得的資料包含個人結婚，首度就業與調查當時的年齡。以下的分析著重在結婚時機的決定因素。其中的共變項有：（1）年齡當作時間變項；（2）一組就業年齡的虛擬變項作爲時間共變項，以就業前的狀態作爲基準，以及（3）以年齡世代（cohorts）的區隔爲時間獨立變項。爲了簡化分析，我們省略了年齡世代以外的控制變項。初步的分析（未經發表）顯示納入年齡世代以外的時間獨立變項並不會顯著的改變研究的結果。

　　適用邏輯迴歸的總體資料是由如圖 2-1 呈現的 SAS 統計所產生。

實質假設

　　生命事件發生的合理時機以及生命事件發生先後的合理次序在生命史研究領域中都曾討論過。（例如，Hogan, 1978, 1981；Mare, Winship & Kubitschek, 1984；Marni,

1984a, 1984b: Riley, Johnson, & Fones, 1972）。然而，這些預期結果常有互相矛盾的現象。本節終將分析三個解釋首度就業時機與結婚時機之間關係的假設。Hogan（1978）的研究顯示存在著個案先離開學校、工作再結婚的基本次序。本分析則關注在影響結婚時機的決定因素，一般相信，這些因素是會符合預期時間之要求，亦即應在特定年齡結婚；並且符合合理順序的要求，比如結婚應在就業後舉行。因此，我們可建立下列三個假設。

為了要順應合理順序的要求，個案較不可能在就業前結婚，因此第一個假設是：

- 假設一：在一定年齡下，「曾經就業」此一時間共變項會增加結婚的風險率。

然而，如果個案因為尚未有工作，延遲婚事，便會增加違反適婚時機（也就是適婚年齡）的風險。有人可能認為違反結婚的合理順序要好過違反合理的適婚時機。當年齡增加，他們可能決定在開始工作之前先結婚，以便不違反適婚時機的規範。因此，我們可以預期下列情形的出現：

- 假設二：「曾經就業」對結婚率的影響會隨年齡增長而降低。

其他人可能會認為違反適婚時機的規範要好過違反結婚的合理順序。這些人會將婚事延至就業後。然而，當他們符合了合理順序的要求，也許會想進一步滿足適婚時機的要求。於是當他們開始就業的年齡愈高，可滿足適婚時

機之規範的時間就愈短。因此，在所剩不多的時間內，就會加快腳步儘速安排結婚的時機。因此，我們可以預期以下情形的出現：

- 假設三：在年齡一定的情況下，當就業年齡提高，「曾經就業」會加速結婚的發生。

以下說明這三個假設的檢定及其詳細分析。

模式的程式設計

離散時間對數模型可用任何邏輯迴歸程式分析。以下分析將引用 SAS-LOGIST，此模式結合了類別年齡效果以及線性年齡與共變項的互動效應[2]。

表 2-2 中 SAS 程式說明了變項的定義與 SAS-LOGIST 的使用。此程式的功能如下：2-9 行界定儲存在輸入 SAS 檔案中的資料變項。10-48 行界定共變項。而最後四行（49-52）說明了應用於資料分析的邏輯迴歸模式。

在 13-18 行中，一組顯示類別組群的三個虛擬變項源自等距組群變項（interval-scale cohort variable）CHT。19-24 行用 EMPAGE 變項來界定一組六個就業年齡的虛擬變項。「就業之前」的狀態是基本狀態。應用就業時間的 2 個虛擬變項，在 25，26 行界定 U_EMP 與 L_EMP。U_EMP 變項代表「就業前」與「就業後」比較的一致效果（uniform effect）。L_EMP 變項，當它與 U_EMP 同時使用於模式中，表示在「就業後」，就業年齡的線性效果。就業年齡在十七歲以下是 L_EMP 的基本型態。

表 2-2　SAS 程式的範例

	行數 [a]
DATA IPTDT;	1
SET SASFILE.MRG;	2
/*THE INPUT FILE HAS VARIABLES CHT AGE EMPAGE FREQ EVT.	3
CHT:AGE COHORT IN 1973:0:25-34;1:35-44;2:45-54;3:55-64	4
AGE:AGE,13-40	5
EMPAGE:0:BEFORE EMPLOYMENT;1:FIRST EMPLOYMENT UNDER 17;	6
2:18-19;3:20-21;4:22-23;5:24-25;6:25 AND OVER.	7
FREQ:FFREQUENCY THAT EACH RECORD REPRESENTS	8
EVT:1:OCCURRENCE;0:NON- OCCURRENCE*/	9
ARRAY AGEDMY{14} AGEDMY1- AGEDMY14;	10
ARRAY EMPDMY{6} EMPDMY1- EMPDMY6;	11
ARRAY INTDMY{14} INTDMY1- INTDMY14;	12
CHT1=0;	13
CHT2=0;	14
CHT3=0;	15
IF CHT=1 THAN CHT1=1;	16
IF CHT=2 THAN CHT1=2;	17
IF CHT=3 THAN CHT1=3;	18
DO I=1 TO 6;	19
EMPDMY{I}=0;	20
END;	21
DO I=1 TO 6;	22
IF EMPAGE=I THEN EMPDMY{I}=1;	23
END;	24
U_EMP=EMPDMY1+EMPDMY2+EMPDMY3+EMPDMY4+EMPDM	25
Y5+EMPDMY6;	
L_EMP= EMPDMY2+ EMPDMY3*2+ EMPDMY4*3+EMPDMY5*4+	26
EMPDMY6*5;	
DO I=1 TO 14;	27
AGEDMY{I}=0;	28
END	29
DO I=1 TO 14;	30
I1=13+ (I-1) *2;	31
I2=I1+1;	32
IF AGE =I1 OR AGE+I2 THE AGEDMY {I}=1;	33
END;	34
DO I = 1 to 14;	35
INTDMY{I}=U-EMP*AGEDMY{I};	36

（續下頁）

```
END;                                                          37
INTDMY9_14=INTDMY9+INTDMY10+INTDMY11+INTDMY12+              38
        INTDMY13+ INTDMY14;
L_AGE=0;                                                     39
DO I = 1 TO 14;                                              40
 L_AGE=L_AGE+AGEDMY{I}*（I-7）*2;                            41
END;                                                         42
  L_AGE=L_AGE-1;                                             43
  Q_AGE=L_AGE**2;                                            44
  INT_UL=U_EMP*L_AGE;                                        45
  INT_UQ=U_EMP*Q_AGE;                                        46
  INT_UL=L_EMP*L_AGE;                                        47
  INT_LQ=L_EMP*Q_AGE;                                        48
PROC LOGIST DATA=IPTDT PCOV;                                 49
  WEIGHT FREQ;                                               50
  MODEL EVT=AGEDMY1- AGEDMY4 AGEDMY6- AGEDMY14              51
  CHT1-CHT3 U_EMPL_EMP INTDMY1- INTDMY4 INTDMY6-           52
  INTDMY8 INTDMY9_14;
```

註：a 程式中並未顯示行數

　　在 27 到 34 行，依據 AGE 的值，定義了一組 14 個表示年齡的虛擬變項。每一虛擬變項代表 13 到 40 歲之間，每兩年的間隔。例如 AGEDMY1 表示 13 至 14 歲，而 AGEDMY28 表示 39 至 40 歲。35 到 37 行定義年齡虛擬變項與就業之後的一致效果（uniform effect of after employment）（U_EMP）。第 38 行定義 INTDMY9-14 為最後六個年齡組的互動變項。第 39 到 43 行則計算年齡的線性效果（linear effect）（L_AGE）。此效果（1）設為兩年間隔，且（2）變化範圍從－13（13-14 歲）到+13（39-40）歲。其值為兩年間隔的中點減去 26.5。第 44 行定義年齡的平方。最後 45-48 行定義 4 個互動變項，這些變項顯示年齡的線性與平方項以及就業年齡的一致與線性項的交

互作用。

應用表 2-2 中 10-48 行所定義的變項，我們可以說明在本章中檢驗的所有模式。然而，每一種程式只用了這些變項的一部分。

49-52 行舉例說明如何在 SAS-LOGIST 中指定邏輯迴歸模式 PROC LOGIST 執行邏輯迴歸模式，DATA 標示輸入資料儲存的地方；PCOV 將母數估計值的變異－－共變量矩陣（variance-covariance matrix）輸出；WEIGHT = FREQ，界定代表變項 FREQ 所提供個案數的每一筆記錄。

MODEL 指令界定依變項及其共變項。公式左邊的變項是依變項（0-1），公式右邊則是共變項。此處說明的模式相當於表 2-3 與 2-4 中的模式 13。在 MODEL 指令中，換另一組共變項，便可估算出現在表 2-3 與 2-4 中所有其它模式。

應用概似比檢定之模式比較

我們共檢驗了十四個模式。它們的概似比之檢定統計值 L^2 顯示在表 2-3 中。從表 2-3 我門也可以依據 L^2 值的差異來比較這些巢狀模式。表 2-4 則列出所選擇模式的母數估計值。

此處討論的分析方式有一個限制。爲了簡化所分析的例子，模式中並未納入年齡世代與其他變項的互動關係。另一方面，我有分析年齡與就業年齡的互動關係。此類互動關係與稍早描述的假設檢定法有直接相關。

表 2-3 概似比值檢定模式之比較

		L^2	df	P
1	兩種比例機會值模式			
	模式 1：年齡與世代效果（類別）	16618.16	16	.000
	模式 2：年齡、世代、就業效果	19125.41	22	.000
	模式 2 比較 模式 1	2507.25	6	.000
2	模式 2 修訂：比例機會值模式			
	模式 3：曲線年齡效果	17912.49	11	.000
	模式 4：一致就業效果（U_EMP）	19101.32	17	.000
	模式 5：一致與線性就業效果（U_EMP 與 L-EMP）	19121.27	18	.000
	模式 2 比較 模式 3	1212.92	11	.000
	模式 2 比較 模式 4	24.09	5	.000
	模式 2 比較 模式 5	4.14	4	>.500
3	模式 5 修訂：非比例機會值模式			
	模式 6：加 U_EMP*L_AGE（L_AGE 是年齡的線性效果）	19314.36	19	.000
	模式 7：加 U_EMP*L_AGE, L_EMP*L_AGE	19318.26	20	.000
	模式 8：加 U_EMP*L_AGE, L_EMP*(L_AGE)^2	19471.74	20	.000
	模式 9：加 U_EMP*L_AGE, U_EMP*(L_AGE)^2, L_EMP*L_AGE	19472.62	21	.000
	模式 10：加 U_EMP*L_AGE, L_EMP*(L_AGE)^2, L_EMP*L_AGE, L_EMP*(L_AGE)^2	19473.89	22	.000
	模式 11：加 U_EMP*L_AGE	19533.32	31	.000
	模式 12：加 U_EMP*L_AGE, L_EMP*L_AGE[a]	19545.16	42	.000
	模式 13：模式 10 裡最後 6 個互動組合被分散	19525.68	26	.000
	模式 14：以模式 13 的類別取代 U-EMP 與 L-EMP	19529.06	30	.000
	模式 6 比較 模式 5	193.09	1	.000
	模式 7 比較 模式 6	3.90	1	<.050
	模式 8 比較 模式 6	157.38	1	.000
	模式 9 比較 模式 8	0.88	1	>.300
	模式 10 比較 模式 8	2.15	2	>.100
	模式 11 比較 模式 8	61.58	11	.000
	模式 12 比較 模式 11	11.94	11	>.300
	模式 11 比較 模式 13	7.64	5	>.100
	模式 14 比較 模式 13	3.38	4	>.400

註：a. L_EMP*AGE 只有 11 個自由度，因為 17 歲以下（也就是 13-14,15-16）、

L_EMP*AGE 與 U_EMP*AGE 相同。

表 2-3 中的第一部分呈現了兩個比例機會值模式的計算結果，也就是不考慮時間（年齡）與其他共變項互動關係的模式：模式 1 列出年齡與世代效果；而模式 2 列出年齡、世代、與就業年齡效果。模式 1 與 2 的比較顯示，為區分在不同的就業年齡，區分第一次就業的前後差異而納入時間共變項會顯著提升模式的適合度。

　　表 2-3 中的第二部份比較呈現了三個自模式 2 變化而來的比例機會值模式的計算結果。模式 2 的計算結果顯示了年齡效果成一曲線（見表 2-4）。模式 3 以年齡的線性與年齡平方效果取代在模式 2 之中的年齡類別效果。因為 L_AGE 與 Q_AGE 的數字是依據模式 2 的年齡類別界定，模式 2 與 3 是巢狀關係。兩者在表 2-3 第二部份裏的比較顯示，模式 3 採用年齡效果的母數特性後（parametric characterization for age effects），所得適合度顯著不如模式 2。模式 4 在不同就業年齡中，以「曾經就業」的一致效果為假設（U_EMP）。這個模式適合度也顯著不如模式 2。但是模式 5，包括就業年齡的一致效果一與線性效果（也就是 U_EMP 與 L_EMP），以更簡潔的方式適合度高於模式 2。

　　表 2-3 第三部份比較呈現了改自模式 5 的幾個模式。模式 6-12 檢驗了年齡與 U_EMP 以及年齡與 L_EMP 的互動效果。如果只考慮線性年齡與 L_EMP 互動效果（模式 7 與模式 6 比較），年齡與 L_EMP 的互動效果並不明顯。然而，如果我們也考慮年齡的平方與 U_EMP 的互動效果（模式 9 與模式 8 比較），就不存在年齡與 L_EMP 的互動

效果。如果將年齡分為數個類別，也可確認年齡與 L_EMP 的互動效果並非顯著。

第三部份中模式的比較也顯示出在 U_EMP 與年齡之間的互動形式。在此一面向，年齡的曲線表示顯著優於年齡的線性表示（模式 8 與模式 6 比較），而年齡的類別表示則顯著優於年齡的曲線表示（模式 11 比較模式 8）。

模式 13 的估算依模式 11 而定。如果觀察結果顯示在 29 歲及 29 歲之後，年齡與 U_EMP 互動效果的母數估算值並未顯著改變，就將最後六種互動關係相加（見表中 22,38 行）。模式 13 表示互動效果的方式比模式 11 更簡要。加入年齡與 U_EMP 互動效果後，我們檢定了最後一個模式－模式 14，以了解就業年齡的一致與線性效果是否依然比就業年齡類別化的效果簡略。檢定結果確認了模式 13 與模式 14 更簡要。

總而言之，模式 13 是表 2-3 所檢驗的 14 個模式中「最好的」一個。

表 2-4 結婚事件的分析：1973 年職業變遷調查中 25-64 歲的男性

共變項	邏輯迴歸結果					
	模式 1	模式 2	模式 5	模式 8	模式 13	模式 14
時間－變化年齡（相對於 21-22 歲）						
13-14	-4.440***	-3.990***	-3.989***	-4.471***	-4.590***	-04.590***
15-16	-3.816***	-3.460***	-3.459***	-3.965***	-4.311***	-4.310***
17-18	-1.792***	-1.617***	-1.611***	-2.040***	-2.261***	-2.261***
19-20	-0.605***	-0.539***	-05.36***	-0.749***	-0.868***	-0.868***
21-22	[0.000]	[0.000]	[0.000]	[0.000]	[0.000]	[0.000]

（續下頁）

23-24	0.194***	0.128***	0.131***	0.310***	0.199***	0.199***
25-26	0.247***	0.132***	0.135***	0.448***	0.269***	0.269***
27-28	0.183***	0.309***	0.042***	0.428***	0.221***	0.220***
29-30	0.040***	-0.117***	-0.114***	0.277***	-0.088***	-0.089***
31-32	-0.190***	-0.353***	-0.350***	-0.027***	-0.321***	-0.322***
33-34	-0.442***	-0.608***	-0.605***	-0.425***	-0.576***	-0.577***
35-36	-0.568***	-0.736***	-0.732***	-0.770***	-0.703***	-0.703***
37-38	-0.836***	-0.900***	-0.897***	-1.230***	-0.869***	-0.869***
39-40	-0.969***	-1.131***	-1.128***	-1.836***	-1.099***	-1.099***

II-1 年齡世代（相對於 1973 年資料中的 25-34）

35-44	-0.172***	-0.178***	-0.178***	-0.186***	-0.186***	-0.185***
45-54	-0.345***	-0.366***	-0.367***	-0.373***	-0.372***	-0.370***
55-64	-0.559***	-0.597***	-0.600***	-0.603***	-0.601***	-0.598***

III-1 第一次就業年齡（依時變異；相對於就業前）

Under17	—	0.715***	—	—	—	0.489***
17-18	—	0.775***	—	—	—	0.572***
19-20	—	0.760***	—	—	—	0.592***
21-22	—	0.797***	—	—	—	0.659***
23-24	—	0.881***	—	—	—	0.744***
25 and over	—	0.879***	—	—	—	0.731***

III-2 第一次就業年齡（依時變異；相對於就業前）

J_EMP	—	—	0.722***	0.228***	0.501***	—
J_EMP[a]	—	—	0.031***	0.052***	0.053***	—

IV-1 年齡的線性與平方互動效果

J_EMP*L_-GE[b]	—	—	—	-0.0370***	—	—
J-EMP*L-GE^2	—	—	—	0.0098***	—	—

IV-2 與年齡的類別互動效果（相對於 21-22 歲）

J-EMP*[13-14]	—	—	—	—	1.869***	1.880***
J-EMP*[15-16]	—	—	—	—	1.712***	1.723***
J-EMP*[17-18]	—	—	—	—	1.0030***	1.000***
J-EMP*[19-20]	—	—	—	—	0.470***	0.469***
J-EMP*[21-22]	—	—	—	—	[0.000]	[0.000]
J-EMP*[23-24]	—	—	—	—	-0.078	-0.082
J-EMP*[25-26]	—	—	—	—	-0.148*	-0.148*
J-EMP*[27-28]	—	—	—	—	-0.191*	-0.188*
J-EMP*[29-40]	—	—	—	—	-0.012	-0.007

V.常數

	-1.531***	-2.042***	-2.045***	-2.011***	-1.898***	-1.899***

2 離散時間對數回歸模，I：單維轉型分析　57

表 2-4 列出選取之部分模式的母數估計值。計算結果顯示（1）不考量 U_EMP 與年齡互動效果，我們有可能低估了就業年齡的線性效果（比較模式 5,8 及 13）；（2）即使模式 8 大大改善了模式 5 的適合度，模式 8 卻因採用線性與平方關係來表示 U_EMP 與年齡的互動效果，扭曲了年齡效果（比較模式 8 與 13）。

母數估計值的解釋

從表 2-4 裏的模式 13 推估的母數，對年齡與就業年齡的解釋效果如下。

就業與年齡的效果

我們在此有一個規律可循，應用於所有不同就業年齡的一致效果 U_EMP 會與年齡互動，然後影響結婚之對數機會值。就業的線性效果增加，是就業年齡的函數（也就是 L_EMP），並不會與年齡有互動關係。因此，我們首先描述應用在 17 歲之前就業效果的基本類型。對那些 17 歲之後開始工作的人而言，此型態的差別只是 L_EMP 係數的倍數 0.053。在結婚事件的對數機會值模式中，曾經就業與從未就業的基本型態比較，需要考慮到 U_EMP 的主要效果以及 U_EMP 與年齡的互動效果。表 2-5 列出了上述效果的值。

在表 2-5 的總和效果顯示了在 13 至 28 歲之間，曾經就業對結婚事件的對數機會值的實際效果一直在降低。例

如，17 歲前即開始工作的人，他們在 15-16 歲期間結婚的機會值是以往從未就業者的 9.14 [= exp（2.213）]倍；同時，17 歲之前就業的個案在 27-28 歲期間結婚的機會值降低爲從未就業者的 1.36 [= exp（0.310）]倍。不管年齡變項爲何，所有就業效果都是實際存在的事實支持了假設 1。已就業者結婚率較高，滿足了工作先於婚姻的合理順序。進入就業期間的效果隨著年齡增長而降低，則支持假設 2。因爲違反適婚時機的機率隨年齡而增加，已就業對結婚率的實際影響隨年齡遞減。

因此，就業年齡的效果便可增加到表 2-5 列出的效果上。就業年齡的線性關係中，以 0 表示 17 歲以下的就業年齡；1 表示 17-18 歲之間的就業年齡；2 表示 19-20 歲之間的就業年齡；3 表示 21-22 歲之間的就業年齡；4 表示 23-24 歲之間的就業年齡；5 表示 25 及 25 歲以上的就業年齡。同時，此就業年齡的線性效果係數是 0.053。依模式 13 分析預測，與 17 歲之前就業者相比，17 至 18 歲之間就業者的結婚機會值高出 1.05 [= exp（0.053）]倍；23 至 24 歲之間就業者的結婚機會值則是高 1.24 [= exp（4 ×0.053）]倍。就業年齡的線性效果顯著且實際存在的事實支持假設 3。在年齡一定的情況下，當就業年齡愈大，就業對結婚率的影響就愈大。

表 2-5 就業對結婚之對數機會值的基本影響效果

年齡	U-EMP 主要效果	與年齡互動	總效果
13-14	0.501	1.869	2.370
15-16	0.501	1.712	2.213
17-18	0.501	1.003	1.504
19-20	0.501	0.470	0.971
21-22	0.501	0.000	0.501
23-24	0.501	-0.078	0.423
25-26	0.501	-0.148	0.353
27-28	0.501	-0.191	0.310
29-40	0.501	-0.012	0.489

年齡效果

由於年齡與 U_EMP 的互動效果顯著,年齡效果的類型會因個案就業與否而變化。因為 U_EMP = 0 表示「就業前狀態」,我們必須考慮的互動效果只有就業之後的年齡效果。表 2-6 總結了年齡效果,其中最後一欄的值等於前兩欄的總合。必須注意各欄計算以 21-22 歲的年齡類別為標準,因此各欄數值不可直接比較。

表 2-6 中,年齡效果的型式表明了未就業結婚機會值的高峰是 25-26 歲;對以就業者則是 23-24 歲。同時,從青少年到成年初期階段,未就業者結婚機會值增加的速度遠超過已就業者。例如,對未就業者而言,25-26 歲之間的結婚機會值是 19 至 20 歲者的 3.12 { = exp(.269 − [− .868])} 倍。就業之後,25 至 26 歲之間的就業機會只有 19 至 20 歲者的 1.68 { = exp[.121 − (− .398)]}倍。

表 2-6 年齡對結婚之對數機會值的影響效果

就業前	就業後		
年齡	總效果	與 U_EMP 互動	總效果
13-14	-4.590	1.869	-2.721
15-16	-4.311	1.712	-2.599
17-18	-2.261	1.003	-1.258
19-20	-0.868	0.470	-0.398
21-22	[0.000]	[0.000]	[0.000]
23-24	0.199	-0.078	0.121
25-26	0.269	-0.148	0.121
27-28	0.221	-0.191	0.030
29-30	-0.088	-0.012	-0.100
31-32	-0.321	-0.012	-0.333
33-34	-0.576	-0.012	-0588
35-36	-0.703	-0.012	-0.715
37-38	-0.869	-0.012	-0.881
39-40	-1.099	-0.012	-1.111

年齡效果與就業年齡效果的同時考慮

對同時評估年齡效果與就業年齡效果，下列的相對對數機會值的計算有相當幫助：年齡 i 與就業年齡 j 的相對機會值＝（年齡 i 的主要年齡效果）＋（年齡 i 與 U_EMP 的互動效果 ）＋（U_EMP 的主要效果）＋（.053）×（ j 類別就業年齡的分數）× D，此處 $D=1$ 表示已就業狀態；而 $D=0$ 表示未就業。表示就業年齡的數自列在表 2-7，表中也依據模式 13 的計算，列出相對的結婚對數機會值。圖 2-3 說明了表 2-7 以下各欄的相對對數機會值：1（未就業）；2（17 歲以前就業）；4（19 至 20 歲之間就業）；以及 6（23 至 24 歲之間就業）。

表 2-7　　相對的結婚機會值的對數為就業經驗與就業年齡的
　　　　　函數（對照組：就業前，21－22 歲）

年齡	就業前	就業後 17 歲以下	就業年齡 17-18	19-20	21-22	23-24	25+
	分數	0	1	2	3	4	5
13-14	-4.590	-2.200	—	—	—	—	—
15-16	-4.311	-2.098	—	—	—	—	—
17-18	-2.261	-0.758	-0.705	—	—	—	—
19-20	-0.868	0.103	0.156	0.209	—	—	—
21-22	[0.000]	0.501	0.553	0.606	0.659	—	—
23-24	0.199	0.622	0.675	0.727	0.780	0.832	—
25-26	0.269	0.622	0.675	0.727	0.780	0.832	0.885
27-28	0.221	0.530	0.583	0.635	0.688	0.741	0.793
29-30	-0.088	0.400	0.453	0.506	0.559	0.611	0.664
31-32	-0.321	0.167	0.220	0.273	0.325	0.378	0.430
33-34	-0.576	-0.087	-0.035	0.018	0.070	0.123	0.175
35-36	-0.703	-0.214	-0.162	-0.109	-0.057	-0.004	0.048
37-38	-0.869	-0.381	-0.328	-0.275	-0.223	-0.170	-0.118
39-40	-1.100	-0.611	-0.558	-0.506	-0.453	-0.401	-0.348

　　除了在表 2-5 與 2-6 所敘述的各項特點之外，表 2-7 還
顯示了，在未就業者之間，23 至 28 歲時結婚的機會值稍
高。對已就業者而言，29 至 30 歲之間的結婚機會值最高，
19 至 20 歲與 31 至 32 歲之間則中等。因此，比較就業後與
就業前的效果，不只是較高結婚機會值出現在較年輕階
段，同時高或者中等的結婚機會值會持續較長的時間，特
別是當個案較晚就業時。

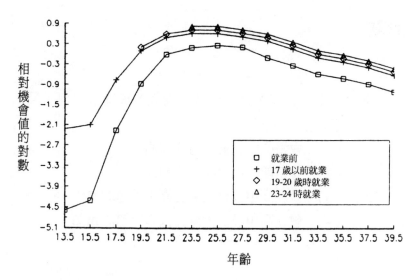

圖 2-3　結婚事件

結語

　　想知道更多離散時間對數迴歸模式者可參考 Allison（1982），Cox（1972），或者 Prentice 與 Gloeckler（1978）。Kalbfeisch 與 Prentice（1980），Cox & Oakes（1984），以及 McCullagh & Nelder（1989）所編的教科書中相關的說明。關於離散時間對數迴歸模式應用在社會學的其他例子，見 Morgan 與 Rindfuss 對離婚事件的分析（1985）；Massey 對遷移事件的分析（1987）；以及 Teachman 與 Schollaert 對生育時機的分析（1989）。

習題

1. 指出下列何者適合用時間獨立解釋變項，何者又不適合。並解釋之。
   （1） 曾婚前同居對結婚的預測。
   （2） 曾婚前同居對離婚的預測。
   （3） 曾在高中吸食大麻對高中退學的預測。
   （4） 曾在高中吸食大麻對大學退學的預測。

表 2-8　結婚事件資料

CHT	AGE	EMP	OBS	EVT	CHT	AGE	EMP	OBS	EVT
0	13	0	5431	11	0	13	1	176	11
0	14	0	5325	1	0	14	1	260	3
0	15	0	5128	3	0	15	1	453	6
0	16	0	4822	9	0	16	1	750	23
0	17	0	4147	41	0	17	1	1393	75
0	18	0	3302	74	0	18	1	2123	223
0	19	0	2788	138	0	19	1	2341	351
0	20	0	2298	168	0	20	1	2341	458
0	21	0	1750	200	0	21	1	2264	475
0	22	0	1242	173	0	22	1	2097	469
0	23	0	834	113	0	23	1	1863	443
0	24	0	574	85	0	24	1	1566	375
0	25	0	376	68	0	25	1	1304	263
0	26	0	220	23	0	26	1	990	208
0	27	0	137	22	0	27	1	706	143
0	28	0	82	9	0	28	1	509	104
0	29	0	49	4	0	29	1	363	71
0	30	0	39	3	0	30	1	230	33
0	31	0	28	1	0	31	1	170	21
0	32	0	19	1	0	32	1	114	13
0	33	0	7	1	0	33	1	72	5
0	34	0	4	0	0	34	1	38	3
1	13	0	4258	8	1	13	1	267	6
1	14	0	4102	4	1	14	1	410	3
1	15	0	3860	5	1	15	1	645	8
1	16	0	3536	5	1	16	1	957	17
1	17	0	2988	19	1	17	1	1483	68
1	18	0	2414	50	1	18	1	1971	150
1	19	0	2033	94	1	19	1	2152	272
1	20	0	1749	117	1	20	1	2070	321
1	21	0	1403	149	1	21	1	1978	320
1	22	0	1082	158	1	22	1	1831	371
1	23	0	791	104	1	23	1	1593	316
1	24	0	583	77	1	24	1	1382	272
1	25	0	416	55	1	25	1	1199	250
1	26	0	303	40	1	26	1	1008	186

（續下頁）

CHT	AGE	EMP	OBS	EVT	CHT	AGE	EMP	OBS	EVT
1	27	0	222	32	1	27	1	863	141
1	30	0	97	12	1	30	1	565	84
1	31	0	75	7	1	31	1	491	71
1	32	0	62	6	1	32	1	425	48
1	33	0	52	1	1	33	1	382	43
1	34	0	46	0	1	34	1	343	28
1	35	0	39	1	1	35	1	322	27
1	36	0	36	1	1	36	1	271	32
1	37	0	29	2	1	37	1	213	12
1	38	0	25	1	1	38	1	180	14
1	39	0	22	3	1	39	1	143	12
1	40	0	16	1	1	40	1	119	9
2	13	0	4338	8	2	13	1	353	4
2	14	0	4167	2	2	14	1.	513	1
2	15	0	3873	6	2	15	1	803	7
2	16	0	3437	9	2	16	1	1226	18
2	17	0	2908	18	2	17	1	1729	48
2	18	0	2404	36	2	18	1	2167	94
2	19	0	2005	63	2	19	1	2437	171
2	20	0	1680	88	2	20	1	2527	279
2	21	0	1385	114	2	21	1	2455	375
2	22	0	1125	147	2	22	1	2227	389
2	23	0	863	120	2	23	1	1953	342
2	24	0	645	88	2	24	1	1708	281
2	25	0	482	63	2	25	1	1502	279
2	26	0	347	47	2	26	1	1295	257
2	27	0	252	29	2	27	1	1085	191
2	28	0	194	21	2	28	1	924	156
2	29	0	155	16	2	29	1	786	133
2	30	0	127	10	2	30	1	666	87
2	31	0	102	7	2	31	1	594	77
2	32	0	85	4	2	32	1	527	47
2	33	0	76	3	2	33	1	485	43
2	34	0	73	1	2	34	1	443	36
2	35	0	67	1	2	35	1	411	23
2	36	0	63	1	2	36	1	392	25
2	37	0	60	2	2	37	1	368	26
2	38	0	56	1	2	38	1	345	16
2	39	0	50	1	2	39	1	334	17
2	40	0	48	2	2	40	1	318	14

（續下頁）

CHT	AGE	EMP	OBS	EVT	CHT	AGE	EMP	OBS	EVT
3	13	0	3284	7	3	13	1	393	6
3	14	0	3073	1	3	14	1	592	1
3	15	0	2784	3	3	15	1	879	5
3	16	0	2473	9	3	16	1	1182	8
3	17	0	2108	14	3	17	1	1529	29
3	18	0	1734	23	3	18	1	1860	59
3	19	0	1421	31	3	19	1	2092	128
3	20	0	1147	29	3	20	1	2208	152
3	21	0	927	43	3	21	1	2247	235
3	22	0	741	44	3	22	1	2155	240
3	23	0	598	37	3	23	1	2014	274
3	24	0	491	43	3	24	1	1810	273
3	25	0	397	45	3	25	1	1587	250
3	26	0	322	27	3	26	1	1367	216
3	27	0	279	26	3	27	1	1167	187
3	28	0	233	24	3	28	1	1000	150
3	29	0	193	13	3	29	1	866	122
3	30	0	168	14	3	30	1	756	113
3	31	0	146	8	3	31	1	652	82
3	32	0	134	5	3	32	1	572	77
3	33	0	124	8	3	33	1	501	53
3	34	0	112	14	3	34	1	453	47
3	35	0	94	6	3	35	1	409	46
3	36	0	85	2	3	36	1	366	35
3	37	0	81	5	3	37	1	333	30
3	38	0	74	4	3	38	1	304	24
3	39	0	70	4	3	39	1	281	15
3	40	0	65	3	3	40	1	267	13

2. 表 2-8 列出結婚次數與遇到結婚風險期人數的總體
   資料（aggregate data），此資料依據年齡、世代，
   以及首度就業前後兩分類交叉分類。這個資料組
   合與本章分析所用的資料相同，但並未區別出首
   度就業的不同年齡。變項 OBS 代表表 2-8 中每一
   列的觀察次數，變項 EVT 代表結婚次數。OBS 與

EVT 之間的差值代表觀察中未發生結婚事件的次數。依據上述資料，作以下練習：

(1) 檢定包括年齡、世代與就業效果的比例機會值模式。依兩年間隔建構一組年齡的虛擬變項。將世代視為類別效果，解釋所得結果。

(2) 應用曲線函數，檢定年齡效果的母數特性。依據概似比卡方檢定，以確定此一模式對資料的適合度不如在（a）中檢定的模式。

(3) 檢定包括年齡與就業之替代互動效果的模式。應用（A）年齡的線性效果，（B）年齡的曲線效果，以及（C）年齡的類別效果。依據概似比檢定，以確定模式 C 是三者中適合度最高的模式。

(4) 說明模式 C 所推估的母數估計值。

註釋

1. 條件機率 p 應該多小？ Clogg 與 Eliason（1987）表示，如果 p 趨近於 0.1 或者更小，比率模式可趨近於對數迴歸模式。因此，在相似條件下，對數迴歸模式可作為比率模式的趨近值。然而，要求在所有離散時間點以及對所有共變項的組合，條件機率必須無例外地小於，比如說，0.1，可能是太過保守了。事實上，在

分析資料的連續時間與離散時間的模式中，就算在許多離散時間的條件機率超過 0.1，我們依然可以得到十分類似的結果。然而，如果總體次數資料中 p 值超過 0.1 的情形發生的比例過高的話，我們可以合理的預期此一趨近值並不充分。

2. 這些電腦程式有一些不同之處。要分析離散時間事件歷史資料，SAS-LOGIST 與 BMDPLR 兩者都相當有用。然而，SPSSX-PROBIT 在使用上有較多限制。SAS-LOGIST 與 BMDPLR 兩者主要的差異，在於後者雖有某些方便之處，但在建立模式時較無彈性。例如，BMDPLR 在逐步迴歸（stepwise regression）中說明主要效果與互動效果的層級，並且自動產生類別變項（categorical variables）以及與其他變項互動的矩陣。SAS-LOGIST 並無上述特性。然而，BMDPLR 不能同時應用同一變項的類別與線性兩版本於同一模式中。因此，當一個變項的主要效果是以類別的形式表達時，此一變項必須同樣以類別形式表達與其他變項的互動關係。另一方面，SAS-LOGIST 就沒有這樣的限制。

3

離散時間對數迴歸模式，
II：二維轉型分析

方法與模式

　　本章將分析離散時間事件歷史資料的對數迴歸模式擴大應用於兩狀態之間轉型的分析。此一分析要求在每一方向的轉換都是可重複的事件。在分析二維轉型時應用對數迴歸模式是基於兩個的理由：（1）為了要趨近於一對顯示兩狀態轉換特性的連續時間過程，以及（2）為了從貫時性資料中將二分反應的順序模式化。雖然對這兩種應用都會有所描述，但在本章中出現的例子則只說明第二種的應用。

　　當某些共變項存在著某種對稱的共變影響時，使用離散時間對數迴歸模式作二維轉型分析，要比用對數迴歸模式分別分析每一個轉換更有效益。以下會討論這個議題。

　　與本章描述類似的模式在 Heckman（1981）與 Yamaguchi（1990）的文章中有討論。這些模式亦與二分時間系列模式（models of binary time series）相關（例如，

Cox, 1970, 第五章；Liang & Zeger, 1989）。

可重複事件的模式分析

　　一個可重複事件是指對樣本中某些個案而言，發生一次以上的事件。可重複事件與不可重複事件的區分是在操作性定義。因爲第一次發生的一個可重複事件在分析上可視爲不可重複事件。每一重複事件發生的多重時間間隔，我們稱之爲時段（spells）。例如，在離婚事件的分析中，同一個人可能會有多次的婚姻時段。

　　重複事件的分析比不重複事件的分析需更有力的假設。通常，我們會假設，控制了共變項，每個個案的多重時段是有條件獨立的。換句話說，對一個可重複的事件，我們通常假設有一個可調整的重複過程，並且在所有時段中存在著一個共同的基本風險函數（Kalbfeisch & Prentice, 1980）。

　　重複過程是相同且互相獨立時段中的隨機分配過程（Cox & Lewis, 1966）。共變項對時段之間互賴關係作調整，調整後的重複過程會產生過程之一般形式[1]。更確切地說，共變項的運算考慮了先前事件史的特性。

　　然而，不管那些共變項是用來表示多次時段之間的關係，某些重複事件也許不是一個可調整的重複過程。例如即將離婚與再婚兩件事都可被視爲可重複事件，都有一組結婚時段與一組離婚時段可藉由調整過程加以模式分析。但是，將首次結婚與再婚歸爲同一類重複事件的發生似乎

並不正確，因為兩者進入風險期的界定方式差別甚大。再婚的風險期是隨著離婚事件的發生而開始，而首次結婚的風險期則開始於某個年齡。雖然，年齡可以是再婚事件發生的一個重要時間共變項，首次結婚的主要時間面向是年齡，而再婚的主要時間面向是離婚的持續時段。因此，我們不應將兩者歸為一類，首次結婚的發生應視為不可重複事件被分開來分析。

一般而言，某個階段的第一次進入與再次進入相比，本質上差異極大。因此，適當的作法應是將調節後的重複過程模式的應用限定在事件再次發生的分析上。由於並非樣本中每一個個案都有重複發生的情形。分析結果能概化的程度是有限的。

分析二維轉型的對數迴歸模式的兩種用法

基於兩個理由，我們可以應用二維轉型分析的對數迴歸模式。第一個理由是應用此一模式趨近一組顯示兩個狀態轉換特性的連續時間過程。既然，對數迴歸模式必然在正反向轉換上適當趨近一個連續時間模式，兩個條件機率必須小到一個程度（已知狀態 0 的條件下，從狀態 0 轉換到狀態 1；以及在狀態 1 時，從狀態 1 轉換到狀態 0）。

應用對數迴歸模式的第二個理由奠基於一個不同的假設上。首先，在表 3-1 中，比較不可重複的單維轉型的次數分配與無限控案例中，可重複的二維轉型的次數分配。在分析不可重複事件時，此事件的個案必須從風險群（risk set）移出。因此，表 3-1 第二列（此處 $Y=0$）中的次數值決定了下一時刻進入風險期的樣本數。於是，總次數隨著時間遞減。另一方面，分析重複二維轉型時，沒有任何個案可以從風險群抽出，因為一次轉換的發生會置個案於反向轉換的風險中。因此，不管時間如何變化，總次數仍不變。

由表 3-1 中 第二組資料可以視為 $F0$ 個個案的 5 個變項的次數分配（也就是，$Y_i, i=1,\ldots,5$）。由此可知表 3-1 第二組資料並非一個列聯表。

然而，在某一假設之下，我們可採取另一種看法，就是用在 $5 \times F0$ 個個案中，變項 Y 與時間交叉的一個列聯表的資料分析。此一另類觀點並不能適用於所有個案，只要對各別之間無關的觀察可以在模式中確認，就可被接受。因此，若控制了模式中的影響因素，不同時刻的個案觀察便成為有條件的獨立。

以多波之貫時性調查的樣本群為分析基礎的學者都是假設跨越時間間隔的觀察是有條件獨立的。然而，如果表 3-1 中 第二組資料是得自以回溯方式進行的橫斷面調查，則這個假設就無意義了。對某些變項的分析，多波觀察之條件性獨立是一非常有效的假設 [2]，不管正反轉型的條件機率值為何，此一假設若能成立就可用對數迴歸模式來作二維轉型的貫時性追蹤資料的分析。

表 3-1 無限控狀態的次數分配

	第一組：不可重覆事件，單維轉換					第二組：可重覆事件，二維轉型				
	$t=1$	$t=2$	$t=3$	$t=4$	$t=5$	$t=1$	$t=2$	$t=3$	$t=4$	$t=5$
$Y=1$	$f1$	$f2$	$f3$	$f4$	$f5$	$g1$	$g2$	$g3$	$g4$	$g5$
$Y=0$	$F1$	$F2$	$F3$	$F4$	$F5$	$F1$	$F2$	$F3$	$F4$	$F5$
總和	$F0$	$F1$	$F2$	$F3$	$F4$	$F0$	$F0$	$F0$	$F0$	$F0$
	其中 $Fi=F(i-1)-fi$, $i=1,....,5$					其中 $Fi=fi+gi$，$i=1,...,5$				

二維轉型模式

假設 $\{Y_t\}$ 為每一離散時間 t 值為 -1 或 1 的過程。以 S_0 表示 $Y_t = -1$ 的狀態，S_1 表示 $Y_t = 1$ 的狀態。最後，以 P_t 表示機率 $P(Y_t = 1)$。接著，假設一個如下的對數迴歸模式為

$$\ln\left[P_t /(1-P_t)\right] = b_0 + b_1 Y_{t-1} + b_2 X_t + b_3 Z_t + b_4 Y_{t-1} Z_t \qquad (3.1)$$

其中，X_t 為一共變項，它與 Y_{t-1} 之互動關係並未假設在模式中。Z_t 亦是一共變項，在模式中有預設它與 Y_{t-1} 的互動關係。然後，我們可以很容易地看出（Yamaguchi,1990b）

b_2 表示 X_t 對從 S_0 到 S_1 之轉型的的影響   （3.2）

$-b_2$ 表示 X_t 對從 S_1 到 S_0 之轉型的影響

$b_3 - b_4$ 表示 Z_t 對從 S_0 到 S_1 之轉型的影響。

$-(b_{3+}b_4)$ 示 Z_t 對從 S_1 到 S_0 之轉型時的影響。

X_t 或 Z_t 的影響隱含著一種在對數機會值發生轉變的改

變。因此公式 3.1 所建立的對數迴歸模式是一個二維轉型的機會值模式。這裡必須注意的地方是 Z_t 對從 S_0（時間為 $t-1$）到 S_1（時間為 t）之轉變的影響是當 $Y_{t-1} = -1$ 時的 Z_t 的 係 數 ， 也 就 是 等 於 $(b_3 - b_4)$ 。 當 我 們 設 $Q_t = \mathrm{P}(Y_t = -1)$，並修改公式 3.1 如下時，就可清楚看出 Z_t 在反向轉換時的影響效果。

$$\ln\left[Q_t/(1-Q_t)\right] = \ln\left[(1-P_t)/P_t\right]$$
$$= -b_0 - b_1 Y_{t-1} - b_2 X_t - b_3 Z_t - b_4 Y_{t-1} Z_t \tag{3.3}$$

在公式 3.3 中，當 $Y_{t-1} = 1$ 時，Z_t 對從時間 $t-1$ 的 S 轉型到時間 t 的 S_0 的影響效果為 Z_t 的係數，等於 $-(b_3 + b_4)$。

雖然公式 3.1 所說明的模式只有兩個共變項，X 與 Z 可以被 X 與 Z 的共變項組所取代。只有在共變項向量 Z 中的共變項與 Y_{t-1} 有互動效果如下：

$$\ln\left[P_t/(1-P_t)\right] = b_0 + b_1 Y_{t-1} + b'_2 X_t + b'_3 Z_t + b'_4 Z_t Y_{t-1} \tag{3.4}$$

如此，X_t 對機會值從 S_0 轉型到 S_1 以及從 S_1 轉型到 S_0 的影響效果，可以分別從向量 b_2 與 $-b_2$ 的值得出。同理，Z_t 的影響效果也可分別從向量 $b_3 - b_4$ 與 $-(b_3 - b_4)$ 值中得出。

如此，我們可以同時模式分析兩個狀態之間的的轉換。如果必要的話，我們可以在模式中納入 Y_{t-1} 與共變項的互動，分別獲得每個共變項對每次轉換的影響效果的估計值。一個共變項是否與 Y_{t-1} 顯著互動必須依據經驗事實決

定。當與Y_{t-1}無互動效果的共變項愈多，兩維轉型分析比分析兩個單維轉型更爲簡單。二個單維模式分析總是以兩個母數值來計算一個共變項：一個正向轉換的母數值與一個反向轉換母數值。但從另一方面來看，當一共變項不與Y_{t-1}互動時，我們只需要一個母數值來計算此一共變項對二維轉型的影響。

時段依存關係的模式分析

在重複事件二維轉型的分析中，時間指的是自最後一次轉型後的一段時間。以下說明如何分析時段依存關係。

線性時段效果

若共變項LD_{t-1}代表在時間$t-1$點所觀察的線性時段，也就是到時間$t-1$之前沒有任何轉型發生的連續時間長度。從公式 3.1 及 3.2，我們包含LD_{t-1}以及它與Y_{t-1}的互動關係——也就是，$b_2 LD_{t-1} + b_3 LD_{t-1} Y_{t-1}$——納入模式中，我們就可以得到在$S_0$的時段效果爲$(b_2 - b_3)$，以及在$S_1$的時段效果爲$-(b_2 + b_3)$。由於時段效果通常爲負數，——也就是，$(b_2 - b_3) < 0$，且$-(b_2 + b_3) < 0$——$b_3$通常爲正數且大於$|b_2|$。因此互動關係$LD_{t-1} Y_{t-1}$通常必須納入模式之中。

假設我們要檢定一個在某一狀態的線性時段效果與另一狀態的線性時段效果相同的模式。這個模式的建立只需將LD_{t-1}與Y_{t-1}的互動納入模式中，也就是$b_3 LD_{t-1} Y_{t-1}$。接著，在S_0與S_1兩狀態的線性時段效果的估計值即爲$-b_3$。

類別時段效果

類別的時段效果可經由界定一組虛擬時段變項來分析

$D_1 = 1$ 只有在 $Y_{t-1} \neq Y_{t-2}$ 時為 0，否則

$D_2 = 1$ 只有在 $Y_{t-1} = Y_{t-2} \neq Y_{t-3}$ 時為 0，否則

$D_3 = 1$ 只有在 $Y_{t-1} = Y_{t-2} = Y_{t-3} \neq Y_{t-4}$ 時為 0，否則

$D_{s-1} = 1$ 只有在 $Y_{t-1} = \ldots = Y_{t-s+1} \neq Y_{t-s}$ 時為 0，否則

$D_s = 1$ 只有在 $Y_{t-1} = \ldots = Y_{t-s+1} = Y_{t-s}$ 時，為 0，否則

$$(3.5)$$

每一變項 $D_i, i = 1, \ldots, s-1$ 代表 i 個時刻組成的時段，而變項 D_s 代表 s 或以上個時刻組成的時段。由於時段大於或等於 1，我們必須省略一個虛擬變項。將某一時段的狀況——也就是 $Y_{t-1} \neq Y_{t-2}$——定為基本狀態，將 D_1 排除在模式之外，會有相當的助益。那麼，如前所述，如果我們將

$$b_2 D_2 + b_3 D_3 + \cdots + b_s D_s + \left[c_2 D_2 + c_3 D_3 + \cdots + c_s D_s \right] Y_{t-1} \quad (3.6)$$

納入模式中，與某一時刻的時段比較，在 2、3、…、$s-1$ 時段中，S_0 狀態的時段效果為一組係數 $(b_2 - c_2)$，$(b_3 - c_3), \ldots, (b_s - c_s)$，而在 S 或更多的時間點中，S_1 狀態的時段效果為 $-(b_2 + c_2), -(b_3 + c_3), \ldots, -(b_s + c_s)$。

有截缺的時段依存關係

在使用公式 3.6 中的一組虛擬時段變項時，我們假定 $s+1$ 或更多的時間點的時段效果等於在 s 個時刻的時段效果。在截缺時段依存關係這個特殊案例中假設了小數目的 s 下之時段效果的特徵。

假設 $s=1$，我們不將虛擬時段變項 $D_2, D_3, \ldots, D_s$ 納入模式之中。那麼，我們建立了一個 Markov 過程模式。採用離散時間單位的 Markov 過程模式假設除了狀態 Y_{t-1} 之外，當 $s < t$ 時，沒有一個 Y_s 之前的狀態會影響時間 t 時的結果。

當 $s=2$ 時，我們可以得到一個 Markov 的簡單通則。此模式只有一個可滿足當 $Y_{t-1} \neq Y_{t-2}$ 時，$D_2 = 0$ 且當 $Y_{t-1} = Y_{t-2}$ 時，$D_2 = 1$ 的虛擬時段變項 D_2。這模式假設，除了二個狀態——Y_{t-1} 與 Y_{t-2}，當 $s < t$ 時，沒有一個 Y_s 之前的狀態會影響時間 t 的結果。

從以上說明可看出，採用 D_2 作為時段效果的唯一共變項無異於在 D_2 或 Y_{t-2} 與 Y_{t-1} 的互動納入這一個模式的前提下，採用 Y_{t-2} 為共變項。一般而言，建立兩個如下模式：

$$\ln\left[P_t /(1-P_t)\right] = b_0 + b_1 Y_{t-1} + b_2 D_2 + b_3 Y_{t-1} D_2 \cdots \qquad (3.7a)$$

$$\ln\left[P_t /(1-P_t)\right] = c_0 + c_1 Y_{t-1} + c_2 Y_{t-2} + c_3 Y_{t-1} Y_{t-2} \cdots \qquad (3.7b)$$

可以清楚顯示 $b_0 = c_0 - c_3 ; b_1 = c_1 - c_2 ; b_2 = 2c_3 ;$ 且 $b_3 = 2c_2$。因此，可分別得出在狀態 S_0 與 S_1 下的時段效果如下：

$$b_2 - b_3 = 2(-c_2 + c_3) \qquad (3.8a)$$

$$-(b_2 + b_3) = -2(c_2 + c_3) \qquad (3.8b)$$

特別是對於假定，S_0 與 S_1 兩狀態的時段效果程度相同的模式，其係數是 $-b_3 = -2c_2$。因此，有 Y_{t-2}，但不含它與 Y_{t-1} 互動的模式，這模式是一個具下列兩特性的模式，（a）兩個狀態的時段效果 D_2 是相等的，與（b）時段效果的程度是 Y_{t-2} 係數的負 2 倍。如果兩狀態的時段效果不相等，那麼 Y_{t-1} 與 Y_{t-2} 的互動效果應該很顯著，而且其效果程度可由公式 3.8a 與 3.8b 算出。

承上說明，在 $s > 2$ 時模式的應用，假定有一先於目前時間 t 的一定長度的特定時間 s，與在 s 單位時間或更久的時間效果一致。因此，在時間 $t - s$ 之前的狀態不能用以推測時間 t 的狀態。這般的截缺時段，若能符合經驗事實，會十分有益於分析心理學／態度的依變項。

時間的其它面向

除了時段效果之外，可重複事件也常取決於其它的時間面向。這些面向需被視作時間共變項。例如，在貫時性追蹤資料的分析中，反應不同波追蹤調查的時段效果是正常存在的。分析再婚事件時，年齡是相關的面向。在分析公司之間的工作變動時，其中在同一老闆底下的工作時段是主要的時間面向時，所累積的工作經驗會是一重要的面向。

分析態度或社會心理學方面之依變項的模式

　　事件歷史分析法最適用於有清楚定義之風險週期的事件。不同人口狀態的改變，例如婚姻與就業狀態，是此類的例子。只要我們可以假設某些行為的發生可以被精確測量，比如服用禁藥，表示這些行為之發生的變項便可定義為依變項。

　　另一方面，心理或態度的變項在定義狀態與事件時，有較多限制。首先，我們並不確知事件（也就是，狀態的改變）何時發生。但是我們也許可以將一個事件定義成在已知的一定離散時間單位中某變項狀態之改變。同樣地，心理／態度狀態的時段也可定義為已知的離散時間單位下，同一狀態發生的持續期間。然而，我們通常不知道態度或心理狀態改變的風險何時開始。換句話說，在定義此類時段變項時，我們都會遇到左邊截缺的問題。

　　然而在某些情形下——也就是可適合應用截缺時段模式的情形——我們可以採用心理／態度變項來定義依變項的狀態與事件。例如，假設有一 Markovian 式的——也就是在時間 t 的依變項狀態只受在它前一個時刻 $t-1$ 的狀態與其外含共變項的影響的一個過程。如果此一條件屬實，在時刻 t_0 下的狀態可以讓我們在不知時刻 t 之前某變項狀態的情況下，預測在 t_{0+1} 時刻以及之後依變項的狀態。

　　Markov 模式假設不一定能符合經驗事實。但是，我們可以採用對過去狀態較不嚴格之截缺關係，將此一模式一般化。確實，我們時常可以看到，對心理／態度變項而

言，依變項之前狀態，比如在 $t-1, t-2, \ldots, t-s$ 等時刻觀察到的結果，對現在狀態，也就是在時刻 t 的狀態，的影響效果，會隨著時間而急速減弱[3]。一般而言，如果在時刻 t 的狀態只依賴在時刻 $t-1, t-2, \ldots, t-s$ 時的狀態，則對某些特定時刻 $t_0, t_{0+1}, \ldots, t_{0+s-1}$ 下狀況的了解可讓我們不會因觀察結果在時刻 t_0 時左截缺，使母數估計值產生偏差情況下分析時刻 t_{0+s} 以及之後的過程。在本章裡，我將採用反映了此種截缺時段的模式，依據回溯的調查資料，分析個人經濟能力。

應用：個人經濟能力的動態分析

資料與共變項

此處所使用的資料來自 1968 至 1972 年的收入動態的長期追蹤研究（PSID）（Duncan & Morgan, 1985; Morgan, Dickinson, Dickinson Benus & Duncan, 1974）。這個研究的前 5 波調查蒐集了與個人經濟能力相關的項目與指標。在前 4 波調查中，原來的研究者依據 7 個項目建立了一個經濟能力指標。在第 5 波調查時，他們刪去 7 個項目中的一項，依據 6 個項目建立了一個指標。爲了排除測量不一致的信度問題，我重新建構在前四波調查時的指標，亦省略了在第 5 波調查中被刪除的那個項目。修改後的指標值爲 6

個兩分類別項目的總和，從 0 到整數 6。我將指標作進一步兩分類處理，將 0 到 3 歸爲低經濟能力，4 到 6 爲高經濟能力。

　　PSID 以家庭而非個人爲抽樣單位。調查中收集的資料來自戶長及其配偶。問題是雖然個人經濟能力的測量指標是用在每一樣本家庭中的戶長，戶長可能隨著時間而改變。但是，這個調查中也有關於每一年的家長是否與前一年家長爲同一人的比較。我將分析的範圍限制在 1968 年到 1972 年間戶長爲同一男性的家庭。因此，以下的分析有一個研究結果推估上的限制，因爲那些當了 5 年戶長的人可能不是母體中男性戶長的一個代表樣本。

　　有 5 個變項可被視爲共變項。前兩個指的是在時間 t 時預測個人經濟能力狀態中，時間 $t-1$ 與 $t-2$ 的個人經濟能力的時間落差變項。這些變項的運用是基於假設考慮時間 $t-1$ 與 $t-2$ 的狀態時，在時間 t 的個人經濟能力並不因其在時間 s 的狀態而異，此處 $s < t-2$。此一假設非常接近經驗事實 [4]。因爲用了兩個時間落差變項，前兩年的資料（1968 年與 1969 年）只能用來建構共變項。如此，依變項只在後三波調查中測量。

　　在此一模式中的第三個共變項是調查年度的類別變項。依變項分別於三個不同年份（1970 到 1972）的調查中測量，此一類別變項將推估一組兩個母數值。採用此一類別變項是因爲時間效果預期的是非線性關係。

　　使用第 4 及第 5 個變項是爲了檢驗壓力大的生命事件對個人經濟能力的影響效果。其中一個變項反映了在時間

$t-1$ 與 t 之間離婚對個人在時間 t 經濟能力的影響。當個案經歷離婚，這個變項等於 1，否則等於 0。另一個變項反映了在時間 $t-1$ 與 t 之間，失業對個人在時間 t 時經濟能力的影響。當個案經歷失業，此變項爲 1，否則爲 0。

　　表 3-2 是依變項及其共變項的交叉分類次數分配資料。這些資料會用於以下的分析。

表 3-2 個人經濟能力資料：

1968-1972 年間持續爲戶長的男姓（收入動態追蹤研究）

		共變項			次數分配	
DEP ($t-1$)	DEP ($t-2$)	時間	離婚	失業	DEP (t) =0	DEP (t) =1
0	0	1	0	0	3201	822
0	0	1	0	1	499	81
0	0	1	1	0	56	5
0	0	1	1	1	0	2
0	0	2	0	0	3218	719
0	0	2	0	1	524	122
0	0	2	1	0	35	7
0	0	2	1	1	7	0
0	0	3	0	0	3176	676
0	0	3	0	1	682	119
0	0	3	1	0	47	6
0	0	3	1	1	24	0
0	1	1	0	0	763	660
0	1	1	0	1	103	57
0	1	1	1	0	7	9
0	1	1	1	1	3	7
0	1	2	0	0	776	495
0	1	2	0	1	167	66
0	1	2	1	0	3	0
0	1	2	1	1	00	0
0	1	3	0	0	819	624
0	1	3	0	1	113	17
0	1	3	1	0	17	2
0	0	3	1	1	0	0
1	0	1	0	0	746	949
1	0	1	0	1	112	85

（續下頁）

		共變項				（承上頁）
Dep（t−1）	Dep（t−2）	時間	離婚	失業	Dep（t）=0	Dep（t）=1
1	0	1	1	0	14	3
1	0	1	1	1	2	0
1	0	2	0	0	680	647
1	0	2	0	1	155	119
1	0	2	1	0	20	13
1	0	2	1	1	9	0
1	0	3	0	0	553	656
1	0	3	0	1	105	77
1	0	3	1	0	4	13
1	0	3	1	1	1	0
1	1	1	0	0	544	1723
1	1	1	0	1	79	195
1	1	1	1	0	10	16
1	1	1	1	1	0	5
1	1	2	0	0	667	1934
1	1	2	0	1	93	243
1	1	2	1	0	18	10
1	1	2	1	1	6	5
1	1	3	0	0	641	1987
1	1	3	0	1	94	224
1	1	3	1	0	8	16
1	1	3	1	1	1	0

假設

我們用此組資料檢定 7 個假設。其中兩個假設是關於 Markovian 效果（也就是，個人經濟能力在時間 $t-1$ 的影響效果）以及截缺時段效果（也就是，個人經濟能力在時間 $t-2$ 的影響效果）。其它 5 個假設是關於離婚與失業對個人經濟能力的影響。這裡沒有特別為時間效果建立的假設。

- 假設 1：在時間 $t-1$ 的個人經濟能力對時間 t 的個人經濟能力有強的影響效果。

- 假設 2：在時間 $t-2$ 的個人經濟能力，對時間 t 的個人經濟能力有時段影響效果。

- 假設 3：如果個案曾在前一年離婚，他（她）從高經濟能力到低經濟能力的變化率會提高。

- 假設 4：如果個案曾在前一年離婚，他從低經濟能力到高經濟能力的變化率會降低。

- 假設 5：如果個案曾在前一年失業，他（她）從高經濟能力到低經濟能力的變化率會提高。

- 假設 6：如果個案曾在前一年失業，他（她）從低經濟能力到高經濟能力的變化率會降低。

- 假設 7：假設離婚造成的壓力高於失業，假設 3 與 4 的影響效果將會分別大於假設 5 與 6 的影響效果。

程式設計

如同第二章所說明的模式，邏輯迴歸是用來推算母數。本章中，我們用 BMDPLR，因為我們一貫假設有類別的時間效果，並且有興趣於不同層次的高階互動關係。雖然 BMDPLR 並未直接提供概似比卡方值，L^2。但這個值可由 BMDPLR 提供的對數概似值計算出來。這個程式也能提供概似比卡方值 G^2 來檢定總和資料應用於理論模式的適合度（參見第二章中關於 L^2 與 G^2 的評論）。

表 3-3 提供可應用在此資料的一個逐步邏輯迴歸分析的例子。表 3-3 中列出的程式用 SAS 叫出 BMDPLR 程式，因為 SAS 程式通常可以允許比 BMDP 程式更有彈性的資料轉換。

表 3-3 的前三行表示如何處理一個 SAS 資料檔。從一個稱作 DKDATA 的非 SAS 檔案中，讀取 7 個變項（DEP、DEP1、DEP2、TIME、DIV、UEMP、FREQ）。變項 DEP 表示在時間 t 的依賴狀態的 $0-1$ 二分變項。變項 DEP1 與 DEP2 則分別是 DEP 在時間 $t-1$ 與 $t-2$ 的時間落差值。TIME 則是調查年份，以 1、2、3 分別表示 1970、1971、1972。DIV 與 UEMP 在（$t-1，t$）時段離婚與失業的虛擬變項。它們之間的交叉分類次數參考表 3-2。

在第 4 行，PROC BMDP 指的是 BMDP 叫出邏輯迴歸程式 BMDPLR。下一行，PARMCARDS，表示 BMDP 程式的起點。第 6 行，INPUT，是特別透過 SAS 所用的 BMDP 程式。Unit=3 必須在此說明。而 CODE 應等同於 SAS 名下的資料檔。

8 至 17 行界定逐步邏輯迴歸分析的細節。第 8 行界定依變項 DEP。第 9 行，COUNT=FREQ 表示輸入的型式為總和次數分配資料，而變項 FREQ 代表每一筆記錄的次數。

第 10 行所列出的是類別型的共變項。若未指定特殊選項，第 10 行也會產生一個設計矩陣，以便比較共變項的每一類別與其最初之類別（此一類別以 -1 表示）。表 3.4 說明在未指定選項之下所建立的 DEP1、DEP2、TIME、DIV 與 UEMP 的設計矩陣。想用傳統虛擬變項（也就是，1 相

對於 0）的研究者應界定 DVAR=PART。

表 3-3　用在二維轉型的離散時間事件歷史分析對數迴歸模式的電腦程式

	行 [a]
DATA FRODT;	1
INFILE DKDATA;	2
INPUT DEP 1 DEP1 2 DEP2 3 TIME 4 DIV 5 UEMP 6 FREQ 7-10;	3
PROC BMDP PROG=BMDPLR DATA=FRQDT;	4
PARMCARDS;	5
/INPUT UNIT=3.CODE='FRQDT'.	6
/REGR	7
DEPEND=DEP.	8
COUNT=FREQ.	9
CATEG=DEP1,DEP2,TIME,DIV,UEMP.	10
MODEL=DEP1*DEP2*TIME*UEMP,DEP1*DEP2*DIV,DEP1*TIME*DIV, DEP1*DIV*UEMP,DEP2*TIME*DIV,DEP2*DIV*UEMP.	11
RULE=MULT.	12
START=OUT,OUT,OUT,OUT,OUT,OUT.	13
MOVE=4,4,4,4,4,4.	14
ENTER=.010,.010	15
REMOVE=.010,.010	16
/END	17
/FINISH	18
;	19

a:程式裡並未顯示行數

表 3-4 設計矩陣

	數值	設計變項	
		(1)	(2)
DEP1	0	-1	
	1	1	
DEP2	0	-1	
	1	1	
TIME	1	-1	-1
	2	1	0
	3	0	1
DIV	0	-1	
	1	1	
UMEP	0	-1	
	1	1	

　　第 11 行的 MODEL 指令界定了在逐步邏輯迴歸中所應
考量的最高階互動。如果研究者希望考量類別共變項之間
所有可能的更高階的互動,他們可以界定在 Model 述句中
所有共變項的乘積。例如,在第 10 行所界定的,5 個類別
共 變 項 之 間 , 最 高 階 的 互 動 是
MODEL=DEP1*DEP2*TIME*DIV* UEMP。然而,只有觀
察所得的交叉資料表格中任一格裡的次數皆不為 0 的條件
下,此一界定的計算結果才是可信的。有 0 個觀察的邊際
次數時,母數估計的結果會出現下列警示:上述項目未能
通過容許限度檢定。

　　在目前的應用例子中,此交叉分類資料包括了一些單
位格中次數為 0 者(參見表 32)。因此,採用最高階的互
動,以及 TIME*DIV*UEMP, DEP1*DEP2*DIV*UEMP, 或
DEP1*DEP2*TIME*DIV 作為共變項,會產生零次邊際次數
的現象。這點可以從表 3-2 建構的個別邊際次數表得到確

認。（不要忘了也要將每一筆資料與 DEP 作交叉分類）。在第 11 行中對模式的特別界定，在考量了所有低階的互動情況下，避免了所有較高層次的互動的運用。因此，除了避免利用零次邊際次數之外，此處所應用的模式對檢定共變項的互動效果並沒有其它的限制。

接下來的 5 行、12 到 16 行，共同界定了放入與除去模式中之變項的標準。第 13 行的 START 界定了是否 MODEL 指令中所提及的每一因素，包括其較低層次的效果，應該在最初放入模式之中或是排除於模式之外。在未設定狀態下界定為 IN。此處 OUT 的界定是為了取得固定機率模式的對數概似值，以及逐步迴歸分析中依序鑑定的每一個巢狀模式的對數概似值。第 14 行界定了可以進出模式的因素數目。

當因素一開始為 OUT 時，界定 RULE＝MULT（第 12 行）是重要的。在未設定狀態處理的原則為 SING。MULT 與 SING 的兩項原則在取捨某些因素應在模式內或外時，會依互動的層次，考量這些因素的層級。（參見第 4 章對於模式之間層級的更詳細說明）。但是 SING 原則在每一步驟中只讓一個因素在某一時間進出模式，MULT 原則則允許在每一步驟中可以有數個因素進出模式。因此，若因素一開始為 OUT，並選用 SING，一個不顯著的且低階的因素會阻止所有與此因素有較高階的互動進入模式，不管這些互動的效果是多麼顯著。因此，當某一因素一開始便為 OUT 的時候，必須選用 MULT。

另一方面，採用 MULT 規則會導致一組因素重複地循

環的進出此模式。因此，最終的模式可能決定於最初的狀態（也就是 IN 或 OUT）以及這些因素被允許進出模式的次數。所以研究者從逐步程序中選定最適合的模式時，應小心爲之，因爲最後一個模式並不必然是最適合的模式。

15 及 16 行分別界定進出模式的 P 值。由於此樣本相當大，因此採用了 1% 顯著水準這個相當高的標準來決定因素是否進出模式。

三個模式的説明

表 3-5 說明所選取的三個模式。模式 1 只包括了 Markovian 效果，也就是 DEP1 的效果（DEP 在時間 $t-1$ 的時間落差值）。此一模式爲固定風險率模式，並且作爲提供其他模式比較的基準。此外需注意的是，如果未包含任何共變項在內，此一模式將呈現爲不因時間而改變的固定反應機率。然而，在二維轉型分析中，固定風險率模式指的是兩固定狀態之間的轉型率（或轉型機會值）。模式 1 的特色是有兩個係數的兩個固定轉型的機會值。其中，一個屬於 DEP1，另一個則屬於常數項。DEP1 的係數會影響這兩個固定轉型機會值的絕對值的大小。一個較大的係數—也就是，較強的 Markovian 效果—與包括從狀態 0 到狀態 1 或是從狀態 1 到狀態 0 的較小的轉換機會值。常數的母數決定了兩狀態轉換的相對機會值。對模式 1 而言，常數母數是負數，亦即從狀態 0（低個人經濟能力）到狀態 1（高個人經濟能力）的機會值小於相反轉型的機會值。

表 3-5 用表 3-1 資料模式分析的結果

	共變項	模式 1	模式 2	模式 3
（1）	DEP1	0.906***	0.745***	0.759***
（2）	DEP2	—	0.546***	0.488***
（3）	DEP2*DEP1	—	-0.037**	-0.035**
（4）	TIME:（1）1971	—	-0.077***	-0.210
	（2）1972	—	-0.010	0.034
（5）	TIME*DEP1:（1）	—	—	-0.084
	（2）	—	—	0.398***
（6）	TIME*DEP2:（1）	—	—	-0.081
	（2）	—	—	-0.233*
（7）	TIME*DEP1*DEP2:（1）	—	—	072***
	（2）	—	—	-0.038*
（8）	UEMP	—	-0.135***	-0.133***
（9）	DIV	—	-0.320***	-0.358***
（10）	DIV*DEP1	—	—	012
（11）	DIV*DEP2	—	—	-0.056
（12）	DIV*TIME:（1）	—	—	-0.119
	（2）	—	—	0.033
（13）	DIV*DEP1*TIME:（1）	—	—	-0.082
	（2）	—	—	0.377***
（14）	DIV*DEP2*TIME:（1）	—	—	-0.163
	（2）	—	—	-0.256*
（15）	常數	-0.235***	-0.585***	-0.623***
	G^2	1958.336***	113.044***	55.477***
	df	44	38	24
	（G^2: 每一模式）/（G^2：模式 1）		.058	.028
	L^2（與模式 1 相差值）	0.000	1845.292***	1902.859***
	df	0	6	20

*p<.050; **p<.010; ***p<.001

在所有比例機會值模式（proportional odds models）中
（假定在所有外含共變項與時間的兩個面向之一，也就是
TIME 與 DEP2 之間沒有互動效果的模式），模式 2 是最合
適的模式。此模式亦假定在 TIME 與 DEP2 之間並無互動關
係。然而，比例機會值模式容許由轉變的方向決定外含共
變項的效果（也就是 DIV 與 UEMP）以及兩個時間面向
（TIME 與 DEP2）的效果——也就是，允許上述共變項及
時間面向與 DEP1 有互動關係。換句話說，當我們指定以
下模式指令：

MODEL= DEP1*DIV*UEMP, DEP*DEP2, DEP1*TIME

並將因素進出模式的標準訂爲 1%的條件下，模式 2
可視爲最簡明合適的模式。

另一方面，表 3-5 的模式 3 可說是逐步邏輯迴歸所界
定的最簡明合適的模式。此模式是不使用任何零次邊際次
數的模式中最簡明適合的模式。然而，就適合度卡方值而
言，模式 2 與模式 3 兩者都不十分適合分析此一資料（兩
者的 G^2 值在 0.001%顯著水準下依舊顯著）。實際上，除
了使用零次邊際次數的要素之外，包含所有因素的最通用
的模式，在充分的顯著水準底下，不見得適用於分析資料
（此結果沒有代表性）。然而，與固定轉型模式（模式 1）
比較，模式 2 解釋了 94 % 的卡方值 [= 1 −
113.04/1958.34]，而模式 3 解釋了 97%的卡方值 [=1 −
55.48/1958.34]。因此，這兩個模式，特別是模式 3，比起

模式 1 有明顯的改進。接下來，我將解釋從模式 2 與模式 3 估計得出的母數值。

由模式 2 推估之母數值的解釋

失業對個人經濟能力的影響

在確定模式 2 時，雖考量 UEMP*DEP1 的互動形式，但因其並不顯著，所以不納入模式之中。因此，我們可以認定失業對個人從低經濟能力轉換到高經濟能力的影響以及反向轉換（也就是從個人高經濟能力到低經濟能力）的影響。雖然正負相反，具有相同的絕對值。關於機會值（odds ratio），在前一年失業的男性戶長，今年一年內個人經濟能力提升的可能性是其他男性戶長的 0.76 倍 [=exp（−.135×2）]，而個人經濟能力下降的可能性則是其他人的 1.31 倍 [=exp（.135×2）]。因此，這一結果支持假設 5 與 6（因為沒有失業經驗是以符號 −1 表示，而不是符號 0，因此，需要乘數 2；參見表 3-4）。

離婚事件的影響

與失業的影響相似，模式 2 的結果顯示，離婚對個人經濟能力高低的轉型的影響程度就絕對值來說是相同，但正負相反。此種情況的發生是由於 DIV*DEP 並不顯著，並排除在模式外之故。

與其他人比較，在前一年曾經離婚的男性戶長，其個

人經濟能力提升的可能性是其他人的 0.53 倍 [= exp（−.320×2）]，其個人經濟能力降低的可能性是其他人的 1.90 倍 [= exp（.320×2）]。此一結果支持假設 3 與 4。

離婚與失業的相對影響效果

假設離婚對個人經濟能力的影響大於失業，因為前者比後者給人的打擊更大。這個假設產生了一個比較 DIV 與 UEMP 兩者之影響效果差異的檢定。一般而言，出自同一模式的兩個母數估計值，$\hat{b}_1$ 與 $\hat{b}_2$（此處 ^ 表示一個被估計的母數）之間差異的顯著程度之檢定，可以藉由計算此一差異的標準誤差的估計值，SE（$\hat{b}_1 − \hat{b}_2$），而得。母數估計值的變異數—共變項矩陣（the variance- covariance matrix）如下：

$$\text{SE}(\hat{b}_1 - \hat{b}_2) = \sqrt{V(\hat{b}_1) + V(\hat{b}_2) - 2\text{Cov}(\hat{b}_1, \hat{b}_2)} \qquad (3.9)$$

此處的 V 與 Cov 分別代表母數變異量與共變量。但是，BMDPLR 電腦程式只列印母數估計值的相關，而不是母數估計值的共變量。但是，以下的等式可以成立

$$\text{Cov}(\hat{b}_1, \hat{b}_2) = \text{Cor}(\hat{b}_1, \hat{b}_2) \times (\text{SE of } \hat{b}_1) \times (\text{SE of } \hat{b}_2) \qquad (3.10)$$

此處的 Cor 代表兩個母數估計值之間的相關。從標準差與相關矩陣的計算結果（未在此處說明）可知，在 DIV

與 UEMP 兩係數之間的共變量變成（－0.012）（0.0609）（0.0194）＝－.000014。因此，兩係數之間差異的標準差變成

$$\sqrt{(.0609)^2 + (.0194)^2 - 2(-.000014)} = .0641$$

接著，表示 DIV 與 UEMP 影響效果之間差異的 Z 值成為

$$Z = [(-.320) - (-.135)]/(0.641) = -2.89 < -1.96$$

因此，此差異在 5% 顯著水準之下顯著。這意味著離婚在兩方向的影響效果都大過於失業，也就是在個人低經濟能力轉換為高經濟能力的機會值降低，以及個人高經濟能力轉換為低經濟能力的機會值增加這兩方面。此結果支持假設 7。

時間的影響效果

在模式 2 中，DEP1*TIME 經檢定發現並不顯著。這表示時間的影響效果是「對稱的」。係數代表第二與第三時間（1971 年與 1972）的係數列在表 3-5，分別是－.077 與－.010。第一類，1970 年的係數是－[－（.077）＋（－.010）] ＝.087。如此，從 1970 到 1971 年，低經濟能力轉換為高經濟能力的機會值降低（機會值比率 0.85＝exp[－.077－.087]），而從 1971 到 1972 年則略微增

加（機會值比率 1.07=exp[－.010－（－.077）]）。同樣地，自 1970 到 1971 年，從高轉換為低個人經濟能力的機會值增加（機會值比率 1.18=1.0/0.85），而從 1971 到 1972年則略微減少（機會值比例 0.93=1/1.07）。

時段的影響效果

時段影響效果，DEP2，與 DEP1 有互動關係。因此，對於個人低經濟能力與高經濟能力的時段影響效果必須分別說明。依據公式 3.8a，關於個人低經濟能力的時段效果是 2［－（.546）+（－.037）] = －1.166。因此，與在時間 $t-2$ 時經濟能力高，但在時間 $t-1$ 時經濟能力低的人比較，那些在時間 $t-2$ 與 $t-1$ 時經濟能力均低的人在時間 t 提升其個人經濟能力的可能性高出 0.31 倍［= exp（－1.166）]。公式 3.8b，關於個人經濟能力高的時段影響效果是 2［－（.546）－（－.037）] = －1.018。因此，與在時間 $t-2$ 時個人經濟能力低，但在時間 $t-1$ 時個人經濟能力高的人比較，在時間 $t-2$ 與 $t-1$ 時，同樣具高個人經濟能力的那些人，在時間 t 時個人經濟能力降低的可能性高出 0.36［= exp（－1.018）] 倍。如此，互動效果顯示了具低經濟能力者的時段影響效果稍微大於有高經濟能力者。時段效果本身支持假設 2。

關於共變影響效果的附加說明

離婚、失業與時間對於個人經濟能力都有「對稱的」影響效果。對上述每一共變項而言，個人中低經濟能力轉

換到高經濟能力的影響效果是反向轉換的負影響效果。因此，比起將兩個轉換分別分析的作法，上述這個例子說明了二維轉型的模式化分析提供了一個更能表現共變效果之簡要的特性。

由模式 3 推估所得之母數的解釋

雖然，對於模式 3 的結果，我們可以作一個與分析模式 .2 時所考量的幾個面向同樣的分析，下文的重點只限於失業與離婚的影響效果。

失業的影響效果

在評估失業對個人經濟能力的影響效果時，UEMP 的主效果是我們必須考慮的唯一母數。因為在模式 3，包含 UEMP 的互動效果中沒有一個是顯著的。而考量所有其他的高階互動並不會改變失業對個人經濟能力的影響效果的本質。從 UEMP 得出的母數，-0.133，近於得自模式 2 的數值（-0.135）。因此，除了極小的數字變化，在模式 2 與 3 的結果中，失業的效果並無差別。

離婚的影響效果

另一方面，模式 3 顯示有兩個時間面向（TIME 與 DEP2）與離婚有互動關係。此類互動的作用依轉型的方向不同而異。相關的效果歸納在表 3-6。

表 3.6 離婚對個人經濟能力的影響效果：模式 3.1 的結果

I. 從個人低經濟能力轉型到高經濟能力

	主要效果	DIV*DEP2	DIV*TIME[a]	DIV*DEP2*TIME[a]	DIV*DEP1	DIV*DEP1*TIME[a]	總和
(1) 年代：1970							
（a）DEP2=L	[（−.358）	−（−.056）	+ .086	− .419]	−（.012）	−（−.295）	=−.352
（b）DEP2=H	[（−.358）	+（−.056）	+ .086	+ .419]	−（.012）	−（−.295）	= .374
(2) 年代：1971							
（a）DEP2=L	[（−.358）	−（−.056）	+（−.119）	−（−.163）]	−（.012）	−（−.082）	=−.188
（b）DEP2=H	[（−.358）	+（−.056）	+（−.119）	+（−.163）]	−（.012）	−（−.082）	=−.626
(3) 年代：1972							
（a）DEP2=L	[（−.358）	−（−.056）	+ .033	−（−.256）]	−（.012）	− .377	=−.402
（b）DEP2=H	[（−.358）	+（−.056）	+ .033	+（−.256）]	−（.012）	.377	=−1.026

II. 從個人高經濟能力轉型到低經濟能力

	主要效果	DIV*DEP2	DIV*TIME[a]	DIV*DEP2*TIME[a]	DIV*DEP1	DIV*DEP1*TIME[a]	總和
(1) 年代：1970							
（a）DEP2=L	−[（−.358）	−（−.056）	+ .086	− .419]	−（.012）	−（−.295）	= .918
（b）DEP2=H	−[（−.358）	+（−.056）	+ .086	+ .419]	−（.012）	−（−.295）	= .192
(2) 年代：1971							
（a）DEP2=L	−[（−.358）	−（−.056）	+（−.119）	−（−.163）]	−（.012）	−（−.082）	= .328
（b）DEP2=H	−[（−.358）	+（−.056）	+（−.119）	+（−.163）]	−（.012）	−（−.082）	= .766
(3) 年代：1972							
（a）DEP2=L	−[（−.358）	−（−.056）	+ .033	−（−.256）]	−（.012）	− .377	=−.376
（b）DEP2=H	−[（−.358）	+（−.056）	+ .033	+（−.256）]	−（.012）	.377	= .248

a. 1970 年的係數是 1971 年與 1972 年係數和的負值，因為基本年 1970 是以數字-1 表示（見表 3.4）。

表 3-6 中，總和 DIV 的主要效果與互動效果，以 B_1、B_2 表示之。B_1 是不與 DEP 互動的各係數的總和，也就是 DIV、DIV*DEP2、DIV*TIME、與 DIV*DEP2*TIME 的和。B_2 是與 DEP1 互動的各係數的總和，也就是，DIV*DEP1 與 DIV*TIME*DEP 的和。然後，當涉及 DEP1 的互動效果出現時，我們就可應用計算一個共變項對每一個轉變方向的效果的原則（見公式 3.2）。我們可以 $B_1 - B_2$ 得到 DIV 對個人低經濟能力轉型到高經濟能力的影響效果，而以 $-(B_1 + B_2)$ 得到 DIV 在反向轉型的影響效果。

如此，表 3-6 的最後一欄（標示爲「總和」）代表了離婚對個人經濟能力的影響效果。表 3-6 的結果顯示，離婚的影響效果相當不一致。雖然，平均而言，離婚一次會降低個人經濟能力提升的機會值，TIME 與 DEP2 的 6 個組合中的一個卻顯示出相反的趨勢。類似地，雖然平均而言，離婚一次會增加個人經濟能力降低的機會值，TIME 與 DEP2 的 6 個組合中的一個卻顯示出相反的趨勢。即使這些效果的正負符號相同，效果程度的差異卻相當大。因此，分析的結果強烈建議離婚對個人經濟能力的效果因人而異，有很大的差別，並且，要比失業所產生的影響效果更不一致。

顯示相反趨勢的二個組合（表 3-6 中的 I 部分裡，TIME=1970 且 DEP2=H；II 部分裡，TIME=1972 且 DEP2=L）涉及了較少的離婚個案（分別是 28 與 18）。相反效果的發生可能是因爲對某些個案而言，前一次婚姻的

不合諧會比離婚更有壓力，所以離婚一次可能對心理健康有正影響效果。總而言之，雖然平均而言，離婚對個人經濟能力的影響大於失業，其影響效果卻較不一致。

結語

雖然本章中所作的分析是為了要證明離散時間對數迴歸模式的彈性運用，我必須承認本章對於個人經濟能力這一變數所使用的分析方法與模式可能不是現有分析方法中最好的。有三個替代法可循：（1）採用線性模式來分析貫時性追蹤；（2）採用 Rasch 模式，（3）採用 Liang-Zeger 分析法與對數迴歸法（Bye & Riley, 1989； Liang & Zeger,1986）來分析貫時性追蹤資料。第一個替代法可以使用等距尺度（interval-scale version）測量個人經濟能力，且容許納入在各波追蹤資料之間相關的隨機誤差。第二個替代法，採用 Rasch 模式，只有在個人經濟能力的時間落差效果完全歸因於未觀察到的母體異質性的條件下才有效[5]。在此一假設下，控制使用未觀察到的母體異質性，此一分析法可以評估共變項的效果（關於 Rasch 模式的使用範例，參見 Duncan, 1984a, 1984b, 1985a）。要模式化未能掌握的異質性，上述兩項替代法是優於本章所用的方法。第三個替代法是 Liang-Zeger 分析法，可以處理各波觀察之間相關性的問題。但是，由於此一模式將各波之間的相關誤

差（correlated errors）視爲障礙，因此並不適合模式分析時間和時間與共變項的互動關係。所以，這三個替代法都缺少能同時模式化分析個人經濟能力提升或降低等變化之決定因素的優點。

我們可進一步說明本章所採用的分析法。保留以離散時間事件歷史分析法分析個人經濟能力的前提下，改進現有分析法的技術是將一組對所有人而言，在各離散的時間點互有相關的時間隨機誤差項（time-specific random error terms）放入對數迴歸模式。雖然在相關文獻中已介紹將隨機誤差項納入對數迴歸模式的技術（參見 Allison, 1987; Amemiya & Nold, 1975; Chamberlain, 1980），但尙未融入可分析事件歷史資料分析的電腦程式中。

欲對本章所說明的分析方法有更多的瞭解，讀者可以參考 Hackman（1981）與 Yamaguchi（1990b）。對於以二維轉型分析法分析長期追蹤資料的另一種替代方法，參見 Colman（1981 第 3 章）。用 PSID 資料對個人經濟能力作貫時性分析則見 Lachman（1985）。

習題

1. 使用表 3-2 的資料，重新計算表 3-5 的結果。
2. 重新分析表 3-1 中時間 1 與時間 2 的資料找出最適合的比例機會值模式；在未利用零次邊際次數的模式中，找出最適合的模式。採用逐步迴歸分析法並以 1% 標準來加入或排除因素。依據 DIV、UEMP、DEP2 與 TIME 的效果，解釋從第 1 與第 2 模式估計所得的母數值。

註釋

1. Heckman 與 Borjas（1980）所介紹的模式超出了各時段互相依賴的特性。兩作者介紹了在各時段間之互相相關的一組特定時段的隨機誤差項。
2. Liang 與 Zenger（1986）所提的方法論，只處理不獨立的觀察，若將此分析方法應用於對數迴歸模式（Bye & Riley,1989）可克服了此一限制。對於 Liang 與 Zeger 分析法更進一步的討論，參見本章結語。
3. 我們可以很肯定的，隨時間往回走，時間落差效果不太可能消失。我相信這情形發生在時間落差效果可解釋未受控制的母數異質性的效果。因此，藉由納入一

個隨機誤差項以反應母體的異質性，將會大大改善此一模式。目前所採用的分析法是有賴於標準邏輯迴歸程式，並未能考慮上述的改善方法。相關討論參見本章結語。

4. 參見註 3。

5. 對於長期追蹤資料的分析，Ducan（1985b）建立一個可在總體資料的層次上，將 Markovian 的效果用在 Rasch 模式。雖然這個方法有它的優點，它並不能完全地等於一個個人層次反應的模式，因此也不能反映出個人潛在的特質以及對前一反應的 Markovian 依賴關係。

4

固定率的對數比模式

方法與模式

　　本章將討論固定比（piecewise constant rates）的對數比模式。我們假設風險率（hazard rates）是跨越時間間隔而固定的，也就是在一群時間間隔中每一間隔裡的風險率是固定的。風險率在各時間間隔中未必是固定的。由於固定率隱含著時段機率密度呈指數函數，我們這裡所說明的分析模式可以稱之為指數模式以及固定比模式。雖然風險率不會因不同的時間間隔而改變，這分析模式假設風險會隨時間而繼續存在。應用對數線性分析在本章的指數模式是根據 Holford （1980）及 Laird 與 Olivier（1981）的分析方法。

　　在對數比模式裡，以一組時間來界定風險期的長短。這時間的分類是分析標的事件的主要時間向度。以結婚為

例，在假設研究對象在某一相同年齡進入風險期之下，年齡是主要的時間向度。在離婚及工作隔離的例子裡，結婚時段與工作時段分別是主要的時間向度。然而，我也可能合併一主要的時間向度與另一時間向度來界定具有兩個向度的一組交叉的時間類別。例如：若我們有一多重組群的資料，年齡與時段兩者可用來定義婚姻分析中的時間間隔。

我們假設風險率在異質性的團體之間有差異，且團體的差異可視為一組不隨時間而改變的解釋變項（time-independent categorical explanation variables）。我們也假設風險率取對數之後是時間或其他解釋變項之母數的線性函數。也就是，這些母數代表著解釋變項對對數比的影響效果。

要用分析對數比模式中的固定比率，我們可以應用對數線性分析的標準程式。確切的說，我們可以算出卡方值(G^2)來檢定每一模式解釋已知資料的適合度以及比較巢狀模式。特別是，這群被公式化的對數比模式包括比例風險模式（稍後界定之）與非比例風險模式是一特殊例子。巢狀比例型與非比例型的風險模式的比較讓我們可做非比例性的檢定。

接下來的討論將假設我們沒有左端限控的個案觀察。

固定比率的對數比模式

飽和的對數比模式

讓我以含有三個變項的模式來說明對數比模式。其中的一個變項是時間變項，其他的兩個變項則是與時間無關的類別變項。然後，我們可以用下列公式表示飽和的模式：

$$\ln\left(F_{tij}^{TAB}/W_{tij}^{TAB}\right) = \lambda + \lambda_t^T + \lambda_i^A + \lambda_j^B + \lambda_{ti}^{TA} + \lambda_{tj}^{TB} + \lambda_{ij}^{AB} + \lambda_{tij}^{TAB} \quad (4.1)$$

其中，T 是時間變項，A 及 B 則是非時間性的類別變項。F_{tij}^{TAB} 是交叉分類表中事件在 (t, i, j) 這一格裡的期望次數，W_{tij}^{TAB} 是某一群人 (i, j) 在時間間隔 t 時發生某事件的總風險量。所以，這兩個變數的比例，$F_{tij}^{TAB}/W_{tij}^{TAB}$ 便成為組 (i, j) 在時間間隔 t 發生某事件的比例。所以，公式 4.1 說明了對數比（Log-rates）為母數的線性函數。

每一組的 λ 母數符合一標準組的線性條件，在一變項之各類別中母數的總和對其他變項每一可能之類別的組合來說等於 0。這些條件說明如下：

$$\sum_t \lambda_t^T = \sum_i \lambda_i^A = \sum_j \lambda_j^B = 0 ; \qquad \sum_t \lambda_{ti}^{TA} = \sum_i \lambda_{ti}^{TA} = 0 ;$$

$$\sum_t \lambda_{tj}^{TB} = \sum_j \lambda_{tj}^{TB} = 0 ; \qquad \sum_i \lambda_{ij}^{AB} = \sum_i \lambda_{ij}^{AB} = 0 ;$$

$$\sum_t \lambda T_{tij}^{TAB} = \sum_i \lambda_{tij}^{TAB} = \sum_j \lambda_{tij}^{TAB} = 0 \qquad (4.2)$$

根據這些條件,包括在最後一類組中之某一變項
(如:A)的每一組母數 λ(如 λ_i^A, λ_{ti}^{TA}, λ_{ij}^{AB}, 及 λ_{tij}^{TAB})
之估計值可計算成每一組母數 λ 之估計值總和的負數。後
面將說明其計算方法。

在公式 4.1 裡,固定的 λ 代表對數比的平均值。母數
λ_t^T、λ_i^A 及 λ_i^B 分別代表變項 T 、 A 及 B 對對數比的主要影
響效果。母數 λ_{ti}^{TA} , λ_{tj}^{TB} 及 λ_{ij}^{AB} 分別代表 T 與 A,T 與 B 及
A 與 B 之互動對對數比的影響。最後,λ_{tij}^{TAB} 代表 T , A 及
B 三因子互動對對數比的影響。

公式 4.1 所代表的是飽和型的模式,因為它包括類別
解釋變項所有可能的高階的互動關係。它所運用的母數等
於事件次數之交叉表的全部類數。所以,它總是完美的模
式。此外,我們可以有系統的除去一些 λ 母數來建構不飽
和層級式的對數比模式,這點將於稍後說明。

層級式對數比模式、比例風險模式,以及非比例
風險模式

層級式的對數比模式考慮到各互動影響之層次來假設
各組 λ 母數的存在與否。例如,若一個模式假設兩個變項
的互動影響效果,這個模式也包括這兩個變項中每一個所
具有的主要效果。若一個模式假設有一個三因子的互動效
果,所有變項之低階效果的組合——也就是,兩兩因子互

動效果，及主效果——必然是存在的。假設我們說是保留了模式 T 時間的主效果。那麼 14 層的對數比模式，包括飽和型模式，可視爲一個具有三個變項 T ， A ，及 B 的模式。這將在圖 4-1 中說明。

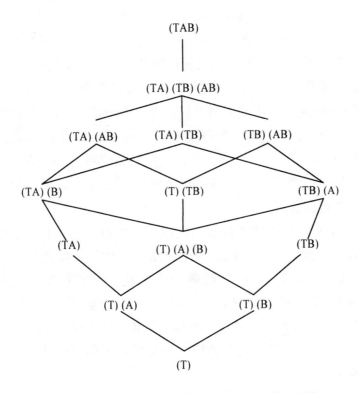

圖 4-1　三個變項（時間， A 及 B ）層級式對數比模式
　　　　（假設有時間效果的存在）

在圖 4-1 裡，（ TAB ）代表飽和的模式；（ TA ）

（*TB*）（*AB*）代表假設的三因子互動效果不存在且所有低階效果（也就是，互動效果及主效果）存在的一個模式；接下來的三個模式中之每一個——也就是，模式（*TA*）（*AB*），（*TA*）（*TB*），及（*TB*）（*AB*）——兩變項之三種互動效果中的兩種互動效果，以及所有三個變項的主效果；接下來的三個模式之每一個－模式（*TA*）（*B*），（*T*）（*AB*）及（*TB*）（*A*）－只包括兩變項之三種互動效果中的一種互動效果，以及三個變項的主效果；模式（*T*）（*A*）（*B*）只包括三個變項的主效果；模式（*TA*）及（*TB*）包含主效果及以外的時間與二個解釋變項之互動效果，此模式假設其他解釋變項的影響效果不存在；模式（*T*）（*A*）及（*T*）（*B*）假設包括時間變項的二個變項的主效果；最後模式（*T*）只假設時間的主效果，而解釋變項 *A* 及 *B* 的影響效果不存在。

　　圖 4-1 也說明了此層級式模式。用概似比值的檢定相對的適合度需要以下兩個條件。第一，比較的模式是巢狀組合的。第二，有更多母數的模式能充分解釋現有的資料。例如，模式（*TA*）（*AB*），不能與模式（*TA*）（*TB*），（*TB*）（*AB*），（*TB*）（*A*）或（*TB*）比較，但如果（*TA*）（*AB*）或其他模式適合的話，則可與其他模式比較。

　　假如模式不包括時間與其他變項對對數比之任何影響效果－也就是，在公式 4.1 所假設的 $\lambda_{ti}^{TA} = \lambda_{tj}^{TB} = \lambda_{tij}^{TAB} = 0$ －我們即可得一比例風險模式。這個比例風險模式假設不同組群中風險率的比例是一直固定的。另一方面，若時間與

另一個其他變項的互動效果是在此一模式裡，例如，在公式 4.1 中的 λ_{ti}^{TA} 或 λ_{tj}^{TB}，我們即可得一非比例風險模式。在圖 4-1 中的這 14 個模式中，模式（T）（AB），（T）（A）（B），（T）（A），（T）（B），及（T）是比例風險模式，而其他九個模式是非比例風險模式。

所以，模式選擇的第一個步驟是尋找可最能簡要解釋現有資料的層級式對數比模式。一般而言，取得簡要模式的第二個步驟是重要的。第二個步驟處理的是時間變項以及時間與其他變項間之互動效果。

模式分析時間

一般來說，我們有三種時間的分析途徑。這裡的分析途徑指的是結合某種方法與某組分析模式。其中一個途徑運用母數。我們假設依變項時間是一時間的特定函數。這類模式的最簡單型只應用一個母數來表現時間的特徵。Gompertz 及 Weibull 模式即是單母數模式，他們可以分別界定如下：

Gompertz：　$\ln\left[h(t)\right] = a + \sum_i b_i X_i + ct$　　　（4.2a）

Weibull：　$\ln\left[h(t)\right] = a + \sum_i b_i X_i + c\left[\ln(t)\right]$　　（4.2b）

其中 h（t）是風險率，a 是常數母數，b_i 是解釋變項 X_i（$i=1,......,I$）的母數，以及 c 是時間變項的母數。我們可以藉著假設較高影響力之 t 或 $\ln(t)$ 的影響效果，來概化

Gompertz 及 Weibull 的模式，例如，ct 可被 $c_1t + c_2t^2$ 取代，$c[\ln(t)]$ 可被 $c_1[\ln(t)] + c_2[\ln(t)]^2$ 取代。

雖然 Gompertz 及 Weibull 模式以及他們的延伸應用假設風險率會隨時間而繼續改變，我們可用求 t 或 $\ln(t)$ 的一個逐步函數將這些模式近似於對數比模式。應用的步驟將在稍後說明。

第二個分析途徑是 Cox（1972, 1975）所介紹的比例風險模式，是用部分概似估算母數。這個模式分析時間的方法是屬非母數分析方法。這是因為它不需要任一確切的基本風險函數的母數。這個分析途徑在人口學研究裡特別流行。部分概似法及其相關的模式將在第六及七章裡討論。

第三個時間的分析方途徑也是非母數分析法。這個分析途徑可有效的應用在這章討論的對數比模式以及下兩章將討論的離散時間模式裡。在這個根據最大概似法的分析途徑裡，虛擬變項用來分辨不同的時刻與時間間隔。虛擬變項的母數估算是在不必確切指明時間函數情形下，顯示時間的特徵，例如，公式 4.1 中的母數 λ_t^T 便代表時間的非母數特性。

如我們在本書裡將繼續討論模式的應用，經驗資料中時間的類型在許多情況下不見得遵守確切的函數形式。除非研究者檢定出某一時間母數特徵模式的適合度，且確定這個模式對資料的解釋力最高，時間母數特性是不被推薦使用的。但是時間與其他解釋變項的互動效果可能更常使用於時間函數。

一般而言，當研究者檢定非比例風險模式，並假設時

間與解釋變項對對數比有互動影響效果，他們可在非母數與母數特性之間作選擇。事實上，這選擇可以由概似比值之檢定來決定。

公式 4.1 中，λ_{ti}^{TA} 使用非母數特性來檢定時間變數與類別的解釋變項 A 之間的互動影響效果。這種互動效果被下列的母數特性之一取代來檢驗是否有更簡要的模式可解釋。

$$\alpha_i^A t \qquad\qquad (4.3a)$$

$$\alpha_i^A [\ln(t)] \qquad\qquad (4.3b)$$

其中 α_i^A 是滿足 $\sum_i \alpha_i^A = 0$ 的母數，t 及 $\ln(t)$ 是時間類別的分數。若需要，我們也可以將更高影響力的 t 或 $\ln(t)$ 的互動效果放入模式裡，例如：公式 4.3a 裡的 $\beta_i^A t^2$ 以及公式 4.3b 中的 $\beta_i^A [\ln(t)]^2$，而其中 $\sum_i \beta_i^A = 0$。當完全互動 λ_{ti}^{TA} 應用 $(N_T-1)(N_A-1)$ 個母數，而 N_T 及 N_A 是時間及變項 A 的各類別總數，公式 4.3a 或 4.3b 所用的 α_i^A 只有 (N_A-1) 個母數 [1]。

輸入資料的注意事項

關於對數比模式，我們需要一組資料（也就是，事件總數與風險頻率），分別來自一個類別時間變項與一組類別時間獨立變項的交叉資料。我們可以用直接方式計算事

件的數目，例如：樣本在每一時間間隔工作變動的次數。另一方面，計算遇風險之頻率則牽涉到下列兩種計量：

（1）　在每一時段之初遇到某事件之風險的人數
（2）　在每一時段裡，平均風險頻率的估計值

　　平均風險頻率通常決定於（a）事件是否在某一段時間裡發生，（b）觀察的個案是否在此一段時間內被限控，或（c）研究對象是否在這一段時間結束時仍存活。對時間與其他解釋變項之任一類別的組合，總風險是上述兩種量（1）及（2）的總和，也就是（a）（b）及（c）的總和。這運算過程將在後面詳加說明。

對數線性分析裡比率資料的界定

　　本章裡，我們將用 SPSS-LOGLINEAR 程式來說明。我們也可以用多種分析對數線性的程式，例如 SAS-CATMOD, FREQ,及 GLIM。在 SPSS-LOGLINEAR 程式裡，我們可以指定單位（cell）加權數，寫成 CWEIGHT=2，其中 W 是代表加權數的變數。我們指定 F 為模式中之單位 i 的事件的期望次數，W_i 為單位 i 的單位加權數。當單位加權數指定之後，我們即可分析 $\ln(F_i/W_i)$ 而非 $\ln(F_i)$。然後，我們即可得到對數比模式，其中單位加權數代表著每一單位中風險發生頻率之總和。

　　對數比模式視估計的風險（頻率之總和——也就是 W_i

－為固定加權數。所以，我們可決定估計風險率之方程式。

應用：工作流動分析

資料與假設

在這一節裡，我將用 1975 年社會階層與流動調查介紹日本工作流動之分析（Grusky, 1983 ; Tominaga, 1979 ; Yamaguchi, 1987b）。此調查樣本來自一群在 1975 年 20 到 64 歲的男性職員。對每一樣本我們所蒐集的資料包括首度就業的年齡、離職的年齡、以及調查的日期。所以，對那些離開第一個工作者來說，我們可蒐集到離職時間—也就是工作變動的時間。對那些未離開第一個工作者，我們則有其在調查期間的限控時間。

接下來的分析是關於就業時間到達 30 年，這種限定是為了避免因退休而變換工作，或因換工作而退休這類混淆[2]。在第一個工作作超過 30 年可視為他們就業期是在第 30 年結束時被限控。

在本章所說明的分析裡，我將某人進入公司時的公司規模視為唯一不受時間影響的解釋變項。所以，這章裡的分析在控制解釋變項之異質性上是有侷限的。在下一章將

使用 Cox 方法說明同事件的多變量分析。本章的分析方法完成了第五章無法達成的兩件事：（1）卡方檢分析模式的適合度以及（2）模式分析時間以及與其他時間模式之比較。

這裡有一個爲何選擇公司規模爲解釋變項的充分理由。在日本勞力市場的文獻裡，公司規模在日本是勞力市場區隔的一個主要指標。有三個假設可進一步說明：

- 假設 1：小私人公司的工作變動將比大私人公司或政府機構的大。

其他的理論視日本的終身就業系統及薪資系統爲一種內部的勞力場（Cole,1973；Koike,1983；Smiya,1974a、1974b）。爲了避免職業再訓練的成本，公司努力的挽留那些已在本公司參加過在職訓練而擁有特殊技能的員工。平均來說，大私人公司的職員比那些小私人公司的員工有較多機會參加在職進修及獲得特殊技能。若這些理論是真的，我們則可預期下一個假設：

- 假設 2：對大私人司的職員來說，代表就業年齡之函數的工作變動率降低的速度比小私人公司職員快。

根據這個假設，我們可檢定公司規模及就業時間之互動對工作變動率之影響。

最後，與大私人公司比較，日本的政府機構有較嚴密的正式人員的薪資制度。所以，與大私人公司的職員比

較，政府機關員工的起薪較低，但正式人員的薪資回饋較高。根據這個事實，我們有了下一個假設：

● 假設 3：在就業的初期，政府職員比大私人公司的員工有較高的工作變動率，但變動率會隨就業時間的增長而快速降低。

我們因此可以檢定公司之類型／規模與就業時段之互動對公司間工作變動之影響。

這三個假設之檢定將在下節繼續說明。下面的分析也同時說明下列四種方法學上的重點。（1）風險率的計算，（2）建構以及檢定分析模式，（3）巢狀模式的比較，以及（4）模式所推估之母數的詮釋。

輸入資料的算法之一：事件次數，各限控的觀察，以及殘存樣本個案

表 4-1 顯示事件的發生與限控觀察的次數資料是事件發生或限控與開始就業之間年齡的差距以及公司規模的函數。表 4-1 裡第三組的資料顯示樣本殘存（來自第一及第二組資料）。表 4-1 中第一及第二組資料顯示，例如，有一個人在同於就業年齡的時段離開政府工作（第 0 列及第 6 行的事件個數），以及有 5 位的年齡比就業年齡多兩年者，在調查進行時擁有第一個在政府機關裡的工作（第 2 例及第 6 行）。

表 4-1 事件數，限控觀察，以及樣本殘存數亦即公司規模以及首度就業與首度職業變動之間年齡差距之函數的樣本殘存數（1975 年在日本的男性員工年齡在 20 到 64 歲）

年齡差距	事件數 公司規模[a]						限控觀察數 公司規模[a]						樣本殘存數 公司規模[a]					
	1	2	3	4	5	6	1	2	3	4	5	6	1	2	3	4	5	6
0	7	7	9	6	4	1	0	1	1	1	2	6	154	408	390	186	406	237
1	15	45	30	17	22	20	0	0	2	2	4	3	147	400	380	179	400	230
2	11	51	47	19	27	16	0	3	3	3	6	5	132	355	348	160	374	207
3	18	46	34	22	28	20	2	3	8	2	13	2	121	301	298	138	341	186
4	21	36	28	7	20	15	0	5	6	4	8	5	101	252	256	114	300	164
5	21	31	22	10	24	12	3	2	5	3	10	1	80	211	222	103	272	144
6	13	18	16	7	11	4	0	3	7	2	5	1	56	178	195	90	238	131
7	5	17	17	8	4	7	1	6	13	8	7	3	43	157	172	81	222	126
8	8	11	7	4	3	9	0	11	8	6	9	4	37	134	142	65	211	116
9	6	10	6	2	3	4	1	5	7	3	9	3	29	112	127	55	199	103
10	3	11	12	2	13	4	0	6	5	2	11	8	22	97	114	50	187	96
11	0	4	2	2	6	1	1	0	4	1	10	5	19	80	97	46	163	84
12	2	5	5	3	9	1	1	2	5	4	5	1	18	76	91	43	147	78
13	1	2	3	0	3	0	0	3	5	3	7	3	15	69	81	36	133	76
14	0	1	3	1	2	2	2	3	4	0	8	5	14	64	73	33	123	73
15	1	5	3	0	2	0	1	4	4	2	6	6	12	60	66	32	113	66
16	0	3	2	0	2	1	0	0	6	2	7	2	10	51	59	30	105	60
17	0	5	1	0	2	2	0	3	4	4	4	3	10	48	51	28	96	57
18	0	2	1	1	2	4	0	1	6	1	6	2	10	40	46	24	90	52
19	1	3	3	3	2	0	1	3	7	3	6	2	10	37	39	22	82	45
20	2	1	2	1	1	0	0	3	4	0	5	0	8	31	29	16	74	43
21	0	0	1	0	3	1	0	5	1	0	4	0	6	27	23	15	68	43
22	0	3	0	0	1	1	2	2	2	1	5	4	6	22	21	15	61	42
23	0	0	0	0	0	0	1	4	4	1	4	0	4	17	19	14	55	37
24	0	0	0	3	1	0	0	1	3	2	3	6	3	13	19	13	51	36
25	1	1	0	1	0	0	0	1	1	1	5	3	3	12	16	11	45	29
26	0	0	1	0	0	0	0	0	2	1	4	6	2	10	15	9	40	26
27	0	0	0	0	0	1	1	0	1	0	3	5	2	10	12	8	36	20
28	0	0	0	1	1	0	0	0	1	1	3	2	1	10	11	8	33	14
29	0	0	0	0	0	0	0	0	0	0	2	1	1	10	10	6	29	12
30	0	0	1	1	1	0	0	1	0	4	1	0	1	10	9	6	27	11
							[1	10	7	5	22	11][b]	1	10	7	5	22	11

來源：1975 年日本的社會階層與流動調查

a. 員工數：1＝0～4；2＝5～29；3＝30～299；4＝300～999；5＝1,000 及以上；6＝政府

b. 已達 30 年就業時間上限的限控個案數。

在已知的各類公司規模（ $i=1,....,6$ ）及時間（ $t=0,....30$ ）中，我們定義下列幾個專有名詞：

Nt：在第 t 時段發生某事件的人數

Ct：在第 t 時段被限控觀察的人數

St：在第 t 時段之初遇到某事件發生之風險的人數
（這個數目指的是樣本殘存數）

承上，則

$$S_{t+1} = S_t - (N_t + C_t) \quad (4.4)$$

將是正確的。請注意公式 4.4 指的是已知在風險期剛開始時（ $t=0$ ）的樣本殘存數，在每一時段（ $t \geq 1$ ）的樣本殘存數可以從吾人了解的 N_t 及 C_t 來計算。同樣的，若我們知道風險期結束時（例如， $t=30$ ）的樣本殘存數， S_t 則可以依序以由公式 4.4 換算成 $S_{t+1} + (N_t + C_t)$ 。

分析資料的計算法之二：風險發生頻率

已知 N_t, C_t 及 St 三組資料，我們可以計算在時間與公司規模之交叉表中的每一格裡的風險頻率。在這種計算裡，我們假設事件與限控的觀察個案規則的分佈在每一時段裡。所以，在每一時間間隔裡遇到此事件或限控者面臨此事件之風險平均約有此時間間隔一半的時間。在本分析裡， $(N_t + C_t)$ 人中的每一位的風險期平均為 6 個月， S_{t+1} 人中的每個人在每一時段 $t=1,....,30$ 中的風險期為 12 個

月。所以，在第 t 時段裡，總風險發生量 Wt，以月爲單位，是

$$W_t = 6(N_t + C_t) + 12S_{t+1} \qquad t = 1, \cdots, 30 \qquad (4.5)$$

在 $t=0$ 的時段裡，事件／限控的年齡與就業年齡是一樣的。但是，由於人們在他們的生日（也就是就業年齡的開始時）那天是不進入風險期的（也就是就業），我們因此須要下另一個關於就業年齡時段進入風險期的次數分配的假設。若我們假設進入風險期的時機在此年齡時段是相同分配的，我們也假設進入風險期一年後發生某事件之風險是固定的，然後對那些在就業年齡結束之前因工作變動或限控而中止就業的人來說，我們便可得在此就業年齡之下，預期的風險期爲 4 個月（欲見其証明，請參見本章的附錄）。對那些就業年齡之後仍殘存的人來說，若風險期裡發生某事件的比例小於 1，則某一就業年齡之下預期的風險期約爲六個月（其証明，也參見附錄）。所以，在時段 0 裡，風險率（以月份計）可估算爲

$$W_0 = 4(N_0 + C_0) + 6S_1 \qquad (4.6)$$

這裡有待注意的是，雖然公式 4.5 及 4.6 可適當的應用在其他相似的例子，它們卻不可以應用在所有情況裡。W_i 的計算有賴於對進入風險期，事件的發生與時段內之限控時間分佈情形。在某些情況下，這裡所用的統一分佈狀態

可能不夠適當。例如，假若進入就業狀態是用就業的那一年而不是用就業的年齡來表示，則其對日本新進職員中進入就業狀態的分布之假設不充分，這是因大多數的職員是在特定的月開始工作，如四月。

關於計算風險頻率的進一步討論，請參見 Namboodiri 及 Suchindran（1987）的著作。

合併類組的注意事項

若事件的分佈是分散的，卡方統計將較不準確[3] 與 /或我們可能想避免的 0 邊際次數可能存在。所以，我可以將臨近的時段再細分，這樣事件數 N_t 及風險量 W_t 便要從各細分的類組裡總和起來。時段的細分應該在算出有 N_t 及 C_t 資料的一時段之風險率之後進行。若時段先被再細分，風險率的估計值較不準確[4]。

在表 4-1 的資料裡，時段 13 及 14，15 及 16，17 及 18，時段 19 到 22，23 到 26，以及 27 到 30 被合併。每一個新的時間類組，其每公司規模的 N_t 及 W_t 放在表 4-2 裡。

以 i 代表公司規模的 N_{ti} 及 W_{ti} 的資料，是用來分析對數比模式的。

程式設計

對數比模式無法正確的檢定 Gompertz 及 Weibull 模式。當對數比模式假設風險率的（piecewise）固定時，

Gompertz 及 Weibull 模式則假設風險率中連續改變是時間的函數。所以我們使用一個步驟函數型的近似值來分析 Gompertz 及 Weibull 類的時段依變項。對每一離散的時間間隔，我們可以指定間隔時段距離分數的中點並假設對數比率是線性的決定於分數。我們可以藉由對四次方或更高次方的對數比率來概化這個分析模式。

表 4-2　不同公司規模與風險期的事件數與風險率
（1975 年中年齡在 20 到 64 歲的日本男職員）

風險期	事件數 公司規模類組						每一人月及公司規模 類組下的風險頻率					
	1	2	3	4	5	6	1	2	3	4	5	6
0	7	7	9	6	4	1	910	2432	2320	1102	2424	1408
1	15	45	30	17	22	20	1674	4530	4368	2034	4644	2622
2	11	51	47	19	27	16	1518	3936	3876	1788	4290	2358
3	18	46	34	22	28	20	1332	3318	3324	1512	3846	2100
4	21	36	28	7	20	15	1086	2778	2868	1302	3432	1848
5	21	31	22	10	24	12	816	2334	2502	1158	3060	1650
6	13	18	16	7	11	4	594	2010	2202	1026	2760	1542
7	5	17	17	8	4	7	480	1746	1884	876	2598	1452
8	8	11	7	4	3	9	396	1476	1614	720	2460	1314
9	6	10	6	2	5	4	306	1254	1446	63.	2316	1194
10	3	11	12	2	13	4	246	1062	1266	576	2100	1080
11	0	4	2	2	6	1	222	936	1128	534	1860	972
12	2	5	5	3	9	1	198	870	1032	474	1680	924
13-141		3	6	1	5	2	330	1542	1758	804	2952	1728
15-161		8	5	0	4	1	252	1260	1410	720	2514	1458
17-180		7	2	1	4	6	242	990	1092	588	2148	1236
19-223		7	7	4	7	2	324	1284	1494	768	3258	2028
23-261		1	1	1	3	1	132	582	786	528	2178	1434
27-300		0	2	2	2	1	54	480	474	318	1416	630

註：公司規模類別請看表4-1。此表裡的資料來自表4-1。

這種近似值也許不如 Weibull 類的時間分析。由於對數比率變成 $\ln(t)$ 的函數，增加一單位的 t 所得的對數比率的增加量不是固定的。再者 $\ln(t)$ 之值的變異程度在時間間隔（0,1）中是很大的。所以我們沒有適當的分數可以指定給這特定的時間間隔。本章中 Weibull 類的時間依變項近似於一對變數。其中之一指定分數 $\ln(t)$ 給有一時段終點 t 的時間間隔。第二個變數是時段 0 時的虛擬變項。表 4-3 是對數模式分析所用的 SPSS-LOGLINEAR 程式。程式中的指令將一步步的解釋如下。當就業年齡等於與離職的那段時間時，這個變數可調整基本風險的程度。

在表 4-3 中的第一行中，DATA LIST 指令表示輸入的資料放在 BEGIN DATA 及 END DATA 指令之間。此資料是用自由格式，並根據每一筆資料中每一個個案。四個變項－－F, D, JBSP, 及 RISK－－讀入程式。變項 F 及 D 分別指的是不同類別的公司規模與就業時間。變項 JBSP 代表每一 F 及 D 變項之組合狀態下的工作變動次數。而變項 RISK 代表在相同狀態下風險發生的頻率。

在第二行，WEIGHT BY JBSP 指的是每一筆資料用 JBSP 的值作加權處理。由於分析的資料是聚集資料，每一筆資料不是一個觀察個案。每一筆資料代表事件發生的總次數由變項 JBSP 產生的。

如第三及第四行所定義的，變項 DR 代表時段對對數風險率的線性影響關係。變項 DR 為此時段裡每一時間間隔的中點值。這裡請注意第 13 時段得 13.5 分，因為這個時段代表 13 及 14 年時段的合併。同樣的，第 17 時段得 24.5

分因爲它代表 23 到 26 年的時段。第 0 時段得 0.25 分因爲
在時段結束時仍殘存的時間約爲半年（請參見本章的附
錄）。所以，時段的中點約 4 分之 1 年。

表 4-3　分析表 4-2 資料的 SPSS 程式

	行[a]
DATA LIST LIST/F D JBSP RISK	1
WEIGHT BY JBSP	2
COMPUTE DR=D	3
RECODE DR　(0=0.25)（13=13.5)（14=15.5)（15=17.5)（16=20.5)	
（17=24.5)（18=28.5)	4
COMPUTER DR2=DR**2	5
COMPUTER LDR=D	6
RECODE LDR　(0=1)（13=13.5)（U4=15.5)（15=17.5)（16=20.5)	
（17=24.5)（18=28.5)	7
COMPUTER LDR=LN（LDR)	8
COMPUTER LDR2=LDR**2	9
COMPUTER D0=D	10
RECODE D0（0=1)（1 THRU 18=0)	11
COMPUTE X=1	12
LOGLINEAR F（1,6)　D（0,18)　WITH DR DR2 LDR LDR2 D0 X/	13
CWEIGHT=RISK/	14
PRINT=ESTIM/	15
/* CONSTANT RATE MODELS	16
DESIGN=X/	17
DESIGN=F/	18
/* PARAMETRIC DURATION MODELS	19
/* PROPORTIONAL HAZARDS MODELS	20
DESIGN=DR/	21
DESIGN=DR, DR2/	22
DESIGN=D0, LDR/	23
DESIGN=D0, LDR, LDR2/	24
DESIGN=F, DR/	25
DESIGN=F, DR, DR2/	26
DESIGN=F, D0, LDR/	27
DESIGN=F, D0, LDR, LDR2/	28
/* NON-PROPORTIONAL HAZARDS MODELS	29
DESIGN=F, DR, FBY DR/	30
DESIGN=F, DR, DR2, F BY DR/	31
DESIGN=F, DR, DR2, FBY DR, F BY DR2/	32
DESIGN=F, D0, LDR, F BY LDR/	33

（續下頁）

```
    DESIGN=F, D0, LDR, LDR2, F BY LDR/                        34
    DESIGN=F, D0, LDR, LDR2, F BY LDR, F BY LDR2/            35
/* NON-PARAMETRIC DURATION MODELS                             36
 /* PROPORTIONAL HAZARDS MODELS                               37
    DESIGN=D/                                                 38
    DESIGN=F,D/                                               39
 /* NON-PROPORTIONAL HAZARDS MODELS                           40
    DESIGN=F, D, F BY DR/                                     41
    DESIGN=F, D, F BY DR, F BY DR2/                           42
    DESIGN=F, D, F by LDR/                                    43
DESIGN=F, D, F by LDR, F by LDR2/                             44
BEGIN DATA                                                    45
  （data omitted）
END DATA
```

a.行數未出現在程式裡

　　在第 7 到 9 行所定義的另一個變項 LDR 的分數等於時
段分數之中點數取對數。但是第 0 時段例外，因爲此時段
的 LDR 是 0 而不是 ln(0.25)。0 是任意界定的，因爲我們
同時將共變項 D0 放入模式裡。第 10 到 11 行定義共變項
D0，當與共變項 LDR 合併時，D0 反映了第 0 時段時觀察
的機率與從 LDR 預期的比率之間的差距。使用 LDR 及 D0
指的是（在其效果程度未知情況下）我們假設第 0 時段只
有一個固定時間效果。

　　在第 13 行的 LOGLINEAR 指令定義欲分析之交叉類別
資料的向度。其中指定 F 及 D 之雙向交叉類別的分析。變
項之值的範圍分別指定爲（1,6）及（0,18）。在 WITH 之
後的變項爲程式語言的所謂的共變項。每一共變項來自交
叉表中的一組數值。在這裡 DR, DR2, D0, LDR 及 LDR2 即
是共變項。這些共變項只在各時間類別之間有所不同，但
在公司規模類別之間則不變。

第 14 行裡的指令 CWEIGHT6=RISK 是使對數比模式有別於傳統對數線性模式。這個指令是在叫 LOGLINEAR 統計程序來模式 ln（JBSP/RISK），而不是 ln（JBSP）。其中 ln（JBSP/RISK）是工作變動率的對數；而 ln（JBSP）則是工作變動次數的對數。

每一個 DESIGN 指令指定一個模式。第 17 及 18 行則指定固定比模式。前一個（第 17 行）的模式是固定且與公司規模無關，而後一個（第 18 行）模式則在每一公司規模類別裡維持固定不變。

第 21 行到第 35 行界定了 14 個分析模式，每一個模式假設一個時間依變項的母數特性。前 8 個模式（第 21 到 28 行）是比例風險模式。這些模式是僅包括時段效果（沒有公司規模效果）或合併了時段效果與公司規模的主效果。後 6 個模式（第 30 到 35 行）是非比例風險模式。這些模式則包括時段與公司規模之互動效果。

非母數的時段模式在第 37 到 44 行界定。讀者應該記得非母數的時段模式是由一個逐步函數表達時間的依變關係。在表 4.3 裡的模式顯示時間依變項的特徵是一組在 19 個時段中的 18 個 λ 母數。前面兩個模式，在第 38 到 39 行所界定的，是比例風險模式，而後四個模式，在第 41 到 44 行所界定的，是非比例風險模式。由於這是一個交叉表格的分析，公司規模及時間所有的互動效果則形成一個飽和模型。公司規模與時間之互動效果是用母數的特性，也就是用 DR, DR2, LDR 及 LDR2 來表示。

依據 SPSS-LOGLINEAR 的程式設計，母數與非母數時

段模式之間的差別在於使用類別型的時間變項（即界定交叉類別的時間變項，在本例裡是 D）以及等距型的時間共變項（即本例子的 DR, DR2, D0, LDR 及 LDR2）。這裡需注意的是所有的非母數時段模式（第 37-44 行）用 D 代表。D 母數是基本風險函數，此函數不受型式上的任何限制。相對的，沒有任何母數的時段模式（第 21-35 行）是用 D0 表示相反的，時間共變項在每一個模式都是用來表示時間依變關係。

模式適合度的檢定與模式的比較

表 4-4 是表 4-3 的電腦程式所說明的 22 種模式分析的結果。讀者應記得相對的適合度應該在各巢狀模式之間比較，並找出一個可以適切解釋現有資料的模式。

表 4-4 顯示沒有任何在時段依變上具有數特性的模式（模式第 3 到第 16）可以很恰當的解釋資料。另一方面，有無母數特性的比例風險模式（也就是模式 18）在合理的程度之下（P>.05）可適合的解釋資料。

另外四個非母數的時段模式，模式 19-22，為檢驗時間及公司規模間之互動效果的特定特性提供了更可以改進模式 18 之適合度的解釋。模式 19，在模式 18 中加了線性的時段及公司規模之互動效果，無法明顯的改進模式 18 的適合度（P>.20）。在與模式 18 比較之下，加了線性且平方的時段與公司規模之互動關係的模式 20 具有邊際的顯著性（.05<P<.10）。這個模式顯示對模式 19 有相同的改進水

準。因此，以相對模式之適合度來選擇這些模式似乎有點模糊不清。

表 4-4　表 4-2 之資料分析

模式	概似比卡方值	自由度	P
I.固定比模式			
（1）　[虛無效果]	527.44	113	.000
（2）　(F)	359.30	108	.000
II.具共變項DR及DR2（=DR2）的母數時段模式			
（3）　(DR)	370.35	112	.000
（4）　(DR)(DR2)	363.39	111	.000
（5）　(F)(DR)	246.47	107	.000
（6）　(F)(DR)(DR2)	238.20	106	.000
（7）　(F)(DR)(F*DR)	238.01	102	.000
（8）　(F)(DR)(DR2)(F*DR)	230.87	101	.000
（9）　(F)(DR)(F*DR)(F*DR2)	216.69	96	.000
III.用對數的時段(LDR)及LDR2(=LDR2)以及時段0(D0)之虛擬變項為共變項的母數時段模式			
（10）(D0)(LDR)	370.00	111	.000
（11）(D0)(LDR)(LDR2)	271.74	110	.000
（12）(F)(D0)(LDR)	235.94	106	.000
（13）(F)(D0)(LDR)(LDR2)	149.10	105	.003
（14）(F)(D0)(LDR)(F*LDR)	219.54	101	.000
（15）(F)(D0)(LDR)(LDR2)(F*LDR)	137.47	100	.008
（16）(F)(D0)(LDR)(LDR2)(F*LDR)(F*LD2)	136.00	95	.004
IV.非母數時段模式：比例風險模式			
（17）(D)	233.09	95	.000
（18）(F)(D)	111.24	90	.064
（18）vs.（17）	121.85	5	<.001
V.非母數時段模式：具F與共變項DR及DR2間之互動的非比例風險模式			
（19）(F)(D)(F*DR)	104.53	85	.074
（20）(F)(D)(F*DR)(F*DR2)	93.87	80	.138
（19）vs.（18）	6.71	5	>.200
（20）vs.（18）	17.37	10	>.050; <.100
（20）vs.（19）	10.66	5	>.050; <.100
VI.非母數時段模式：具F與共變項LDR及LDR2間之互動的比例風險模式			
（21）(F)(D)(F*LDR)	99.53	85	.134
（22）(F)(D)(F*LDR)(F*LDR2)	98.23	80	.081

（21）　vs.　（18）	11.71	5	.050
（22）　vs.　（21）	1.30	5	.900

註：F=公司規模；D=時段（類別的）；DR=時段的線性效果；DR2=時段的二次方效果；LDR=時段的對數線性效果；LDR2=時段之對數線性效果的平方；D0=時段0的虛擬共變項

　　另一方面，假設在時段 0 之外有對數（時段）與公司規模間之互動效果的模式 21 改進了模式 18 之顯著水準（p<.05）。模式 22 是在模式 21 中加入時段對數的平方與公司規模的互動效果，但並未改進模式 21 的適合度（p>.90）。因此，在模式 18, 21 及 22 當中，模式 21 清楚的顯示具有最大的適合度。

　　因為時段依變關係在特徵上的差異，兩組的非比例風險模式－－模式 19 及 20 為一組，模式 21 及 22 為另一組－－均無法直接用條件概似檢定來比較。但是，這兩組模式間接地與模式 18 比較之下，模式 21 具有最大適合度。

母數估計值的解釋

　　這一節討論如何解釋從模式 18 及 21 所推算的母數估計值。雖然模式 21 得到比模式 18 適合，我們仍提供對模式 18 的解釋，因為它是一個比例風險模式。且可以當作改進其他模式的基礎。表 4-5 是關於模式 18 與 21 母數的估計值。在表 4-5 裡，讀者也可發現最後一欄裡有 λ 的估計值。這些估計值是同一變項裡所有其他 λ 值的總和。所以，當從 SPSS-LOGLINEAR 程式得到模式 21 的 29 個母數估計值，表中有 32 個 λ 值的母數。這 32 個 λ 值是加了 3

個 λ 估計值模式所得。

表 4-5　模式 18 及 21 的母數估計值

母數編號	類別	時段（年數）	λ		LDR
			模式18	模式21	
1	D-0	0	-0.436**	-0.434*	0.000a
2	D-1	1	0.416***	0.417***	0.000
3	D-2	2	0.670***	0.669***	0.693
4	D-3	3	0.799***	0.792***	1.099
5	D-4	4	0.676***	0.665***	1.386
6	D-5	5	0.778***	0.764***	1.609
7	D-6	6	0.367***	0.355**	1.792
8	D-7	7	0.323*	0.311*	1.946
9	D-8	8	0.140	0.129	2.079
10	D-9	9	-0.038	-0.046	2.197
11	D-10	10	0.466**	0.461**	2.303
12	D-11	11	-0.520*	-0.524*	2.398
13	D-12	12	0.079	0.075	2.485
14	D-13	13-14	-0.811***	-0.812***	2.603
15	D-14	15-16	-0.570*	-0.566*	2.741
16	D-15	17-18	-0.322	-0.322	2.862
17	D-16	19-22	-0.268	-0.261	3.020
18	D-17	23-26	-1.056**	-1.015**	3.199
	D-18	27-30	-0.693]b	[-0.658]b	3.350
		公司規模			
19	F-1	0-4	0.504***	0.140	
20	F-2	5-29	0.280***	0.224*	
21	F-3	3-299	0.031	0.027	
22	F-4	300-999	0.014	0.177	
24	F-5	1000+	-0.488***	-0.466***	
	F-6	政府	[-0.341]b	[-0.102]b	
25	（F-1）xLDR		—	0.285**	
26	（F-2）xLDR		—	0.038	
27	（F-3）xLDR		—	-0.002	
28	（F-4）xLDR		—	-0.130	
29	（F-5）xLDR		—	-0.019	
	（F-6）xLDR			[-0.172]b	

a. 此欄中因為互動不發生，此值始於 0。其他 LDR 的值是 ln（時段的中點）。
b. 母數估計值總和的負數。
* ρ <.05; ** ρ < .01; *** ρ < .001

首先，我們先解釋模式 18 的母數估計值。由於模式 18 是時段與公司規模間沒有互動關係的比例風險模式，時段與公司規模的母數估計值可以分開來解釋。時段效果顯示在前三個時段裡，公司間工作流動的對數比率快速增加，然後漸漸的有些波動性的減少。在第 10 與 12 年時發生突然的增加。第 10 年的增加可能與一事實有關，那就是有些公司提供 10 年或以上年資的員工較好的退休金。而第 12 年的增加較無法預期。工作流動性的對數比率似乎約在第 13 到 16 年達到高峰。

公司規模效果顯示最小的公司（0 到 4 位員工）有較高的工作流動比率，第二流動比率則發生在最後第二小的公司（5 到 29 位員工）。接下來，擁有 30 到 299 位員工與有 300 到 999 位員工的兩組公司有約相同的工作流動率。最後兩組公司（屬私人的且有 1000 以上員工的公司以及政府機關）有最小的工作流動率。最小公司裡之員工比最大私人公司之工作流動率高約 2.7 倍（ =exp[.504 － （－.477）]）。這個發現支持假設 1。

有興趣的讀者可以用母數估計值的變異量－－共變量之矩陣來檢定兩組公司之公司規模效果的差異是否顯著。這個步驟已在第 3 章中描述過。

模式 21

模式 21，因為有因子（F×LDR），母數之解釋較複雜。

當 D=t 及 F=i，單位（t,i）的相對對數比率為

$$[t \text{ 時,D 的主效果}] + [i \text{ 時,F 的主效果}]$$
$$+ [(\text{F×LDR 的效果}) \times (\text{組 } t \text{ 的分數})] \quad (4.7)$$

在這個模式裡,

$$分數 = \begin{cases} t \geq 1 \text{ 時的} & \ln(\text{組 } t \text{ 的中點}) \\ t=0 \text{ 時的} & 0 \end{cases} \quad (4.8)$$

在一般情況下,模式 21 中相對的對數比率的計算是排除常數母數 λ 的。以圖型表示相對的對數比率來檢視公司間工作變動之對數比率的改變如何成為時段與公司規模的函數。表 4-6 提供相對對數比率的結果而圖 4-2 則描述這些結果數字。

　　請注意圖 4-2 是根據模式 21 的母數估計值,其中時段與公司之間的互動只考慮此互動隨時而平穩的改變。所以,我們會發現在各公司規模類別裡對數比例呈現許多相似高低起伏的圖形,是特殊形式的互動安排的加工品。

　　表 4-6 與圖 4-2 確定的假設 2 與 3 關於時段與公司規模之互動對工作流動率對數之影響。首先在最小的公司裡的職員面對的是風險率隨時段的增加而降低。這項發現與第 2 個假設一致。政府員工剛開始的工作流動率比在私人公司(規模在 100 或以上)的員工高。但是,政府員工的風險率隨時段的增加而降低,其降低的速度比大私人公司的職員所面對的還快。所以,在第 11 個時段以後,政府員工的風險率變成增加趨勢,但小於最大私人公司的員工的風險率。這項發現支持第三個假設。

表 4-6　由模式 21 所得不同時段及公司規模的相對對數比率

時段別	時段的中點	公司規模別					
		1	2	3	4	5	6
0	0.25	-0.2940	-0.2100	-0.4077	-0.2576	-0.9008	-0.5366
1	1	0.5575	0.6414	0.4338	0.5938	-0.0494	0.3149
2	2	1.0067	0.9195	0.6942	0.7555	0.1892	0.4475
3	3	1.2458	1.0586	0.8171	0.8266	0.3051	0.5015
4	4	1.2000	0.9418	0.6888	0.6615	0.1719	0.3244
5	5	1.3629	1.0496	0.7877	0.7318	0.2669	0.3854
6	6	1.0056	0.6474	0.3782	0.2990	-0.1457	0.0551
7	7	1.0059	0.6097	0.3343	0.2353	-0.1923	-0.1252
8	8	0.8613	0.4321	0.1514	0.0353	-0.3775	-0.3308
9	9	0.7204	0.2621	-0.0233	-0.1544	-0.5542	-0.5255
10	10	1.2576	0.7733	0.4837	0.3391	-0.0490	-0.0364
11	111	0.2995	-0.2083	-0.5017	-0.6585	-1.0361	-1.0380
12	112	0.9235	0.3942	0.0937	-0.0706	-0.4385	-0.4538
13	113.5	0.0701	-0.4882	-0.7898	-0.9728	-1.3277	-1.3609
14	115.5	0.3551	-0.2374	-0.5445	-0.7452	-1.0847	-1.1391
15	117.5	0.6335	0.0111	-0.3009	-0.5171	-0.8432	-0.9161
16	120.5	0.7400	0.0785	-0.2398	-0.4762	-0.7848	-0.8818
17	224.5	0.0360	-0.6695	-0.9948	-1.2541	-1.5430	-1.6672
18	228.5	0.4359	-0.3069	-0.6384	-0.9170	-1.1891	-1.3364

　　第二大私人公司（擁有 300-999 員工）的風險率在開始時比其他樣本高，但之後降低的速度比最大的私人公司的員工快。事實上，這兩個風險率之間的差異隨時間而變小。這建議就業時間愈久，在 300-999 人的公司裡的職員的工作流動性將逐漸具有內部勞力市場裡工作流動的特徵（也就是低的公司間工作流動），而在 1000 人以上的大公司職員的工作流動很明顯在就業之始即表現其特徵。

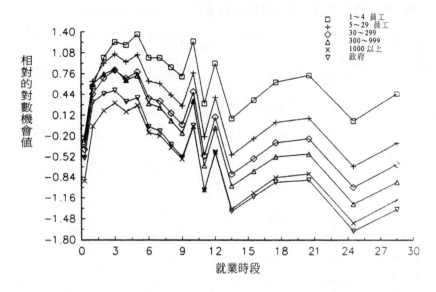

圖 4-2　公司間工作的流動

結語

　　本章所討論的只是一個時間獨立變項。但分析的步驟藉著加入更多時間獨立變項可很容易推論。加入更多的時間獨立變項，我們可以根據屬高階表格之對數線性分析步驟來檢查不同層次的互動效果（Fienberg, 1980）。當時間母數很大時，納入時間變項與其他變項間之互動可能會產生很多有待推估的母數。若使用 SPSS-LOGLINEAR 程式或

任一使用 Newton-Raphson，對這類模式的估計可能會牽涉到很多電腦運算的時間與成本。運用重覆比例適合檢定的 SPSS-HILOGLINEAR 程式或其他對數線性程式，例如 ECTA，即使在母數估計值不知的情況下，也可提供求算模式之卡方值有更高成本效益的計算方法。

由於對數比模式是使用交叉分類的資料，當此資料因包括許多解釋變項（尤其是屬多類別型的變項）而分散時，資料分析便呈現侷限性。這裡我們有兩種考慮。第一，Haberman（1977）已表示，若表格中單位裡的次數少不是因為小樣本而是因為在足夠大的樣本資料在交叉表中的類別單位很多，用以比較巢狀模式的概似比值檢定將仍有效。第二，在不增加交叉之類別情況下，我們也可以用共變項顯示交叉類別資料的特性。雖然共變項無法顯示個別層次資料特徵的差異，但可表現交叉類別資料總體層次特徵的差異，使用共變項將仍是提供附加之解釋變項影響效果方面的意義（關於這類共變項參見 Hout, 1984）。

讀者若有興趣更深入了解本章所討論之方法學可參見 Holford（1980），Laird 及 Olivier（1981），及 Schluchter 及 Jackson（1989）。至於對數比模式，請參考 Haberman（1978, Chap 1），Clogg 及 Eliason（1987）及 Agresti（1990, 第 6.6 節）。

習題

1. 用表 4-1 裡的資料：
   (1) 產生表 4-2 的資料
   (2) 用表 4-2 的資料，產生表 4-4 的分析結果
2. 用表 4-7 裡的資料回答下列的問題（職業的分類在表的註解裡有定義）：
   (1) 計算時段與職業的每一組合的樣本殘存數。
   (2) 計算時段與職業的每一組合的風險頻率。
   (3) 用 SPSSX-LOGLINEAR 程式，以資料實際檢定不同的比例風險模式。用對時段依賴來說，具母數與非母數估計特徵的模式，並選擇最適的模式。
   (4) 使用上面所述的模式，在控制時間之下，計算每一對職業類別裡對數比率的差異。檢驗在 5%顯著水準之下，這個差異是否顯著。
   (5) 分析非比例風險模式。是否比例風險模式比在表 4-4 中之非比例風險模式的任一個模式適合。

表 4.7

表 4.7　事件數與限控觀察數為職業與公司間工作變動或限
控時之年齡及進入第一次就業市場年齡之間差異的
函數（1975 年日本，20-64 歲之非農男性職員）

	事件數 職業[a]						限控的觀察數 職業[a]					
差異	1	2	3	4	5	6	1	2	3	4	5	6
0	2	2	8	13	6	3	2	7	0	1	1	0
1	12	27	21	43	33	17	3	4	3	1	0	0
2	13	33	20	48	44	15	4	10	1	4	0	1
3	13	28	28	49	36	14	3	13	2	5	6	1
4	4	24	16	48	28	6	5	10	4	4	3	2
5	6	27	15	33	31	9	4	4	5	4	8	0
6	6	10	13	26	12	4	1	7	1	4	3	2
7	6	13	5	22	8	3	7	8	7	7	7	2
8	7	7	8	9	9	2	7	10	5	6	4	4
9	5	6	1	9	5	4	6	9	2	8	3	1
10	3	9	5	15	9	5	2	17	4	4	3	2
11	1	3	3	5	4	1	0	12	2	1	6	0
12	2	7	2	7	5	1	2	8	2	4	1	1
13	0	1	1	2	5	0	3	10	2	5	1	0
14	0	3	0	1	4	0	2	10	2	5	3	0
15	0	3	4	3	0	1	9	6	1	2	4	1
16	2	2	2	0	1	1	1	7	2	5	2	0
17	1	2	2	3	2	1	2	5	4	3	2	1
18	1	3	1	2	0	1	4	7	1	2	3	0
19	1	1	1	5	1	3	2	9	0	3	4	3
20	1	1	1	3	1	0	2	3	0	3	4	0
21	0	1	0	0	1	2	1	4	0	2	2	0
22	1	1	0	2	0	1	4	4	2	3	1	2
23	0	0	0	0	0	0	1	4	0	2	0	0
24	1	1	0	0	2	0	4	6	1	1	3	0
25	0	1	0	1	1	0	3	2	0	1	2	2
26	0	0	0	0	0	1	2	8	0	2	1	0
27	0	1	0	0	0	0	2	3	0	2	1	1
28	0	2	0	0	0	0	0	4	0	0	2	1
29	0	1	0	0	0	0	0	0	0	2	0	1
30	0	2	0	0	0	0	2	2	0	0	0	1
							[8	17	1	17	5	5][b]

來源：1975 年日本社會階級及流動率調查
a. 職業，1=專業，管理，行政：2=行政秘書：3=推銷：4=技術：5=半技術：6=無技術
b. 個案數到達 30 年的上限且被限控的數目。

附錄

　　本附錄展現第 0 時段，也就是研究對象的年齡等於他們的就業年齡，風險期方面的証明。

　　我們假設進入風險期的時機在就業時段呈現一致的分佈，以及假設有公司間工作流動或限控的機率在就業的第一年時段是一致的。對於這個假設的一致分佈，我們設 $a \geq$ 0 為一任意的常數母數。所以，$(1-x)/a$ 是在就業時段的時間 x（$0<x<1$）時進入風險期的人們在與就業時段年數相同的時候發生某一事件（或限控）的機率。如上面所假設，在某時間距內（0,1），x 是一致分佈的。

　　對於那些在快大一歲之前發生一事件或限控的人來說，在他們進入風險期之前經過的年數的平均比例是

$$\frac{\int_0^1 x[(1-x)/a]dx}{\int_0^1 (1-x)/a\,dx} = \frac{1}{3} \quad (\text{A.1})$$

由於事件（或限控）在風險期時段一致的發生，在就業開始為[1－（1/3）]/2=1/3 年或 4 個月時平均的風險。

　　所以對那些殘存者多一歲，其計算的方法如下。對一位在時間 x（$0<x<1$）進入風險期的人來說，他在第 0 時段結束時殘存的機率是[1－（1－x）/a]。所以，在他們在進入風險期之前，經過時間的平均比例為

$$\frac{\int_0^1 \chi \left[1-(1-\chi)/a\right]\mathrm{d}\chi}{\int_0^1 \left[1-(1-\chi)/a\right]\mathrm{d}\chi} = \frac{1}{2} + \frac{1}{(12a-6)} \qquad (\text{A.2})$$

因為當 $a>1$ 時，在就業時段平均的風險期為（1/2）－ 1/（$12a-6$）。雖然這個為 a 之函數值從 1/2 到 1/3 不等，若 a 很大則他的值將接近 1/2。在表 4-1 的資料裡，在假設進入風險的機率一致分佈且前 12 個月裡其比率是固定的，則 a 的估計值是 $S_0/[(N_0+C_0)3/2] = 26.4$。這裡的 $(N_0+S_0)3/2$ 是在所有人都在開始就業時而非在開始之後平均約 1/3 年（這是實際的估計值）時進入就業的風險期，對第一年裡之事件發生數及限控數的估計值。經由這個估計值即可計算限控個案之風險期長度為 12[0.5－1/（12 × 26.4－6）]=5.96 個月。由於這個值接近 6，我們以 6 個月為計算公式 4-6 裡的 W_0。

註釋

1. 若變項 A 是等距型變項，我們可以瞭解 A 與 T 互動的單一相關。另一方面，已知變項 A 代表列公式 4.3a 及 4.3b 即為列效果的相關（row-effect associa-tion）。欲知其專有名詞，請參考 Goodman（1979）。然而，這些單一的相關及列效果的相關模式不同於一般的對數線性相關模式，因為他們是對數比率的相關模式。

2. 在 1975 年，日本的大私人公司與政府機構有提倡提早退休的政策，許多員工早在 55 歲即退休。

3. 但是，若樣本的規模夠大（也就是總次數），概似比值之檢定做自由度差異不大的幾個模式之比較仍適合於處理分散分佈的資料（見 Haberman, 1977）。

4. 欲了解時間總體的偏差的討論，參見 Petersen（1991）。

5
用 Cox 法的連續時間模式
I：比例型風險模式，非比例型風險模式，與分層模式

方法與模式

　　本章及下一章主要在討論以 Cox（1972,1975）的部分概似法[partial likelihood（PL）]來估算母數的連續時間比例型風險模式與其相關的分析模式。利用最大概似（ML）估計的連續時間模式也會在此章中討論，只是不說明程式設計與它的應用。本章將重心放在 PL 估計值的原因部份在於我們已有標準統計套裝軟體中的電腦程式。雖然以 ML 估計母數的連續時間風險模式所設計的電腦程式很多，沒有任一程式被放在標準的統計套裝軟體裡。所以，ML 估計法的電腦程式在這一章裡將只有簡單的討論。

　　Cox 的 PL 估計法大概是現今事件歷史分析中最流行的方法。特別是在人口學中的婚姻、生育、離婚、遷移、工作流動這類研究上（例如，Carroll 及 Mayer, 1986; Diprete, 1981; Fergusson, Horwood 及 Shannan, 1984; Hogan 及

Kertzer, 1986; Lehrer, 1984; Michael 及 Tuma, 1985, Teachman 及 Heckert, 1985）。

以 PL 方式推估的連續時間比例風險模式具有兩個比 ML 方法推估的連續時間或離散時間模型明顯的優點，但是也有一些缺點。

PL 方法最明顯的優點是其模式可以假設時間依變項沒有一定的形式。如在前面章節中的例子，時間依變項（或時段依變項）的母數通常會有模式之適合度不良的情形。所以，我們有充分的理由假設比起有少數母數之函數，時間可以更充分的以被母數方式推估了解。

Cox 方法的第二個特徵是它可能利用分層模式。這點將在下一章節作更詳細的描述。一個分層的模式讓我們可以在不必指明互動效應的情況下，控制那些可能有某些與時間有複雜互動影響效果的類別共變項。分層模式也可以用來分析重複事件，其中以時段作分層（Blossfeld & Hamerle, 1989）。

這裡我們至少提出四個使用 Cox's 法的缺點，雖然這些缺點沒有一個是嚴重的。但是 PL 方法之使用得有一定的條件。

Cox's 法只用時段的相對順序資料，而不用有關事件發生或被限控時的資料。所以，資料的遺漏會很多。然而，已經被證實的是比例風險模式或本章討論之相關模式的 PL 母數估計值在規則之下呈漸近的效率（Efron, 1977, 見 Oakes, 1977; Wang, 1986 關於 PL 估計值之效率這方面的研究）。所以，比起因為缺少資料而作的 ML 估計，缺乏準

確性之 PL 母數估計將會因樣本增大而降低。然而，當樣本小時，PL 估計法的準確性會比 ML 估計法來的小。事實上，Coleman（1981）對於 PL 及 ML 法的比較研究肯定這種狀況。如第六章裡的例子，在樣本非常大時，通常各統計檢定的效果不太相同。所以，不建議使用 PL 方法在樣本小情況下。

第二個缺點是關於在第二章離散時間模式之使用中討論過的同步事件。PL 方法中同步事件之處理在程式運算上是禁止的，只能用標準的估算。可是當有許多事件同步發生時估算的準確度則有待澄清（Farewell 及 Prentice, 1980）。Prentice 及 Farewell（1986）曾指出，從經驗法則可知，若在任一特定時間中處於風險期之個案數中少於 5% 者被估計錯誤，則估算的誤差應該不會太嚴重（p.14）。若同步發生事件的問題造成嚴重困擾，則建議使用 ML 方法，特別是離散時間模式。

第三，PL 法不容許我們直接分析時間依變項。雖然主要的母數估計的趨近特性是已知的，但這點特色是比 ML 法更弱的理論基礎，在選擇模式的過程中還是須要注意的。這個問題在本文將有進一步的討論。

儘管有上述的缺點，Cox 法在社會科學研究中已被廣為接受使用。應用此一方法確可對事件歷史作有力的分析。但是，同時在社會科學研究中，也出現了機械性地套用 Cox 法的情形。某些研究常不對風險率模式作更清楚的界定。本章將再度強調經由模式選擇取得一個界定較好模式的重要性。本章特別要討論非比例性與共變項的非比例

型效果的模式分析。因此，除比例危險模式之外，本章另外討論兩組模式：（1）將時間與共變項的互動效果母數化的非比例風險模式，以及（2）分層模式。

標準統計套裝軟體中有兩種程式，BMDP2L 與 SAS-PHGLM，可供 Cox 的 PL 方法運用。BMDL 程式容許使用依時共變項，但 SAS 程式則否。雖然 SAS 程式容許以 BLOCK 選項作非比例性的檢定，BMDP 程式則不只可用依時共變項作非比例性的檢定，也可作所有依時共變項效果的估計值檢定。本章及下一章的範例都是依據 BMDP 的 BMP2L 程序建立模式。

依時共變項的使用是推論因果關係的主要關鍵。下一章會討論依時共變項的分類以及解釋其效果時的注意事項。在本章的範例中，共變項全是時間獨立共變項，但是共變項與時間的互動效果，依其定義，受時間變化影響。

比例風險模式

比例風險模式假設風險率為了解共變項效果之母數的一個對數線性函數。對象 i 於時間 t 的風險率以 $h_i(t)$ 表示為：

$$h_i(t) = h_0(t) \exp\left[\sum_k b_k X_{ik}(t)\right] \quad (5.1)$$

其中，$h_0(t)$ 指時間依賴的主要面向，稱之為基本風險函數，而 $X_{ik}(t)$ 會因時間會改變，亦即對象 i 於時間 t 時，

第 k 個共變項的值。對於所有個案，基本風險函數都相同。此模式預設當 X_k 為一等距型變項，控制其它變項與時間的效果後，X_k 增加一單位，風險率提高為 $\exp(b_k)$ 倍。若 X_k 為一虛擬變項，控制其它共變項與時間的效果，在 $X_k = 1$ 時的風險率是 $X_k = 0$ 時的 $\exp(b_k)$ 倍。

如果界定了基本風險函數的形式 $h_0(t)$，我們應採用最大概似估計法。另一方面，Cox 的 PL 估計法容許在不限定 $h_0(t)$ 的函數形式下使用比例風險模式。

當比例風險模式中的共變項均不因時間而改變時，殘存者函數或殘存函數 $S(t)$，表示截至時間 t 為止事件尚未發生的比例為：

$$S_i(t) = S_0(t)^{\exp(\sum_k b_k X_{ik})} \qquad (5.2)$$

其中，$S_0(t)$ 是當 $X_k = 0, k = 1,\ldots,K$ 條件下的殘存函數，也可以下面公式表示

$$S_0(t) = \exp\left[-\int_0^t h_0(s)\,ds\right] \qquad (5.3)$$

如此，負的殘存函數的對數再取對數之值為

$$\ln\left[-\ln S_i(t)\right] = \ln\left[-\ln S_0(t)\right] + \sum_k b_k X_{ik} \qquad (5.4)$$

公式 5.4 右邊的第一個部份對所有個案都相同，第二

部份並不依賴於時間。因此若共變項全部與時間無關，在共變項值不同的各組之間的 $\ln[-\ln S_i(t)]$ 就成爲不受時間影響的常數。這個特性可用在對時間獨立共變項的非比例效果的檢驗上。

最大概似法所建立之模式的注意事項

雖然本書並未以 ML 法，舉例說明連續時間風險率模式，但也安排了關於此一方法之特性的簡短討論。ML 法可取得將下列公式所表示的完全概似函數（the full likelihood function）極大化的一組母數估計值。

$$FL = \prod_{i=1}^{I} h_i(t_i)^{\delta_i} S_i(t_i) = \prod_{i=1}^{I} h_i(t_i)^{\delta_i} exp\left[-\int_0^{t_i} h_i(s)\,ds\right] \quad (5.5)$$

其中，$h_i(t)$ 是個案 i 的風險函數，t_i 是個案 i 於事件或限控發生時的時刻，δ_i 爲一虛擬變項，以 1 表示對於個案 i，事件發生；以 0 表示第 i 次的觀察被限控而 $S_i(t_i)$ 爲對於個案 i 來說，從時間 0 到時間 t_i，事件尚未發生之機率的殘存者函數。

ML 方法要求對基本風險函數作一界定。有其它數種可能的母數化（parametic characterizations），包括 Gompertz 與 Weibull 模式（參見 Tuma 與 Hannan, 1984）。Flinn 與 Heckman（1982）也介紹了母數化時間依變項的公式，並以 Gompertz 與 Weibull 的模式類型作爲特殊案例。

然而，在許多生命史研究中，時間依變項的母數表示

並不十分適合既有的資料。因此，不應在未檢定資料適合度之前，制式的將時間依變項母數化。若以逐步函數趨近的方式處理時間依變項，則（1）連續的時間被分割為一組時段，同時（2）時間效果的改變必須跨越時段。Wu 與 Tuma（1990; 亦可參見 Wu, 1989）也支持類似的作法，採用將時間依變項半母數化的「部份風險模式」（local hazard models）[1]。

我們可找到數種可以採用 ML 法建立的連續時間風險模式的電腦軟體。Tuma 的 RATE（1979），Coleman 的 LONGIT（1981），Yate 的 CTM（Continous Time Models）（Yi, Walker, & Honore, 1986），（Preston 及 Clarkson, 1983）SURVREG（Survival Regression）以及 LEHA（生命事件歷史分析）（Kandel, Shaffran, Yamaguchi, 1985）都可以使用依時共變項。（關於相關電腦程式更多的選擇與比較，參見 Alison, 1984, 附錄 C）。社會學家最常用 Tuma 的 RATE 程式，部份原因是它出現的時間早。Yate 的 CTM 程式整合了其它程式所沒有的先進優點，比如 Heckman 與 Singer（1982）控制未觀察之異質性的非母數型技術。

除此之外，SAS-LIFEREG 程式容許採用某種加速錯誤時間模式（accelerated failure-time models），以分析被限控的時間資料。本書並未討論這些模式[2]。對加速錯誤時間模式的說明可參見 Lawless（1982）或 Kalbfleisch 與 Prentice（1980）。在採用不包含依時共變項的多種母數模式時，可利用 GLIM（Generalized Liner Model）（Arminger, 1984;

Koch, Johnson & Tolly, 1972）。

部份概似估計（partial likelihood estimation）

我們藉由部份概似函數的極大化，取得母數的 PL 估計值。建立 PL 函數如下。首先，依據時段的長度 t_i，個案依照最短到最長的順序排列。底下的 i 表示排列後的第 i 個個案。如此，PL 函數以公式表示如下：

$$PL = \prod_{i=1}^{I} \left[h_i(t_i) / \sum_{j \geq i} h_j(t_i) \right]^{\delta_i} \qquad (5.6)$$

其中，$h_j(t_i)$ 是第 j 個個案於時間 t_i 的風險函數值，t_i 則是第 i 個個案發生某事件或限控的時刻；δ_i 則為一虛擬函數，以 1 表示第 i 個個案發生該事件，以 0 表示對第 i 個個案的觀察被限控。PL 函數是條件機率的結果，設事件發生於時刻 t_i，第 i 個條件機率為一概似值（likelihood），亦即事件是真的發生在此一時斷 t_i 中遭遇此事件的個案身上，而不是任何其它也在風險期的個案。由於 PL 函數只受時段的相對順序影響，因此事件發生與限控之絕對時機等相關資訊將流失。

PL 函數的重要特性之一是當我們將公式 5.1 的 $h_i(t)$ 放入公式 5.6，基本風險函數 $h_0(t)$ 便在分子與分母之間互相抵消。因此，PL 函數可單獨被視作共變項母數的一個函數：

$$PL = \prod_{i=1}^{I} \left\{ exp\left[\sum_k b_k \, X_{ik}\,(t_i\,)\right] / \sum_{j \geq i} exp\left[\sum_k b_k X_{jk}\,(t_i\,)\right] \right\}^{\delta_i} \quad （5.7）$$

　　這個公式顯示雖然我們預設了一個反應風險率之時間
依變項的基本風險函數，我們其實不需要限定它的函數形
式。

模式分析共變項與時間之互動效果，
Ｉ：母數模式與非比例性之檢定

　　比例風險模式假設共變項與時間之間沒有互動關係。
然而此一假設必須接受經驗事實的檢驗，而共變項的非比
例效果若為顯著則須納模式中。BMDP2L 程式可讓我們檢
定非比例性的多種形式。

　　檢定非比例性的方法之一是預設某個共變項與時間互
動效果的特定函數形式。如果一個顯著程度檢定顯示了此
互動效果增加了模式的適合度，則應排除比例性的假設。
如果我們想要檢定共變項 Z 可能的非比例效果，檢定非比
例性的最簡單方式是將 Z*TIME 或 Z*LN（TIME）納入模
式中，並檢定其顯著性。這類模式可分別表示如下：

$$h(t) = h_0(t)\,exp\left[\,\sum_k b_k X_k + c_0 Z + c_1 tZ\right] \quad （5.8）$$

$$h(t) = h_0(t) \exp\left\{\sum_k b_k X_k + c_0 Z + c_1 [\ln(t) Z]\right\} \quad (5.9)$$

假設時間效果成曲線，我們可以歸納互動的形式。例如，我們可以在公式 5.8 所表示的模式中加上 $Z*[\ln(\text{TIME})]^2$ 或者在公式 5.9 的模式中加上 $Z*[\ln(\text{TIME})]^2$。

檢驗非比例性的一個更普遍的方式是將連續時間分隔成多個時段。一組隨時變異的虛擬變項可用於作個別時段與基本時段的比較，並可檢定一個共變項與上述虛擬變項的互動效果。這種作法不會嚴格界定互動效果的函數形式。此一模式可定義如下：

$$h(t) = h_0(t) \exp[\sum_k b_k X_k + c_0 Z + \sum_j c_j D_j(t) Z] \quad (5.10)$$

其中，$D_j(t), j = 1,\ldots,J$ 為一組虛擬變項，其中每一變項表示一個與基本時段相對的個別時段，c_0 表示 Z 於基本時段的效果，而 $c_0 + c_j$ 表示 Z 於第 j 個時段的效果。

非比例性檢定的顯著水準可用卡方檢定衡量，此點將在後面章節說明。

模式分析共變項與時間的互動效果，II：分層模式

    假設一個類別共變項與時間互動效果之形式太過複雜，以至無法有效的描述他們的特性。又假設我們對此一共變項的效果及其與時間的互動效果並無興趣，只對其他共變項的效果有興趣，我們便可設此類別共變項為一分層化變項（stratifying variable）。PL 方法所建立的分層模式允許未界定的基本風險函數依賴於分層（Kalbfeisch & Prentice, 1980）。藉由重新定義類別的組合為單一類別變項的各項數值，我們也能改採一組分層化的類別變項。

    個案 i 於 s 層的分層模式表示如下：

$$\mathrm{h}_i(t) = \mathrm{h}_{0s}(t)\exp[\sum\nolimits_k b_k X_{ik}(t)] \qquad (5.11)$$

    其中 $\mathrm{h}_{0s}(t)$ 為某一特定層的基本風險函數。依此，若我們在每一分層中建構 PL 函數，便可將一特定層的基本風險函數從概似函數中排對。

    雖然公式 5.11 假設母數 b_k 並不因分層而異，此一限制一般而言並非必要。若所有母數都因分層而異，我們便可對每一分層分別以 PL 法處理，便可取得母數估計值。若部份而非全部 b_k 因分層，那麼我們就有一個包括某些共變項與分層化變項（stratifying variable）互動效果的模式。這樣一個模式原則上可以 PL 法加以利用。然而無標準統計套裝軟體所提供的電腦程式（例如 BMDP2L 與 SAS-PHGLM）

不能容許這樣的模式，且假設了共變項之間互動效果不存在，因為其中假設在公式 5.11 中風險率的分層變項（stratifying variable on hazard rate），也就是，$b_k, k = 1,...,K$，並不因分層而異。

設 PL（s）為某一分層 $s, s = 1,...,S$，的 PL 函數。則出自下列分層 $s = 1,...,S$ 之邊際的部份概似函數可表示如下：

$$PL = \prod_{s=1}^{S} PL(s) \qquad （5.12）$$

對於一個分層化模式之母數的 PL 估計值可經由極大化此一邊際的概似函數取得。

與無分層分析相比，分層分析有它的優點與缺點。主要的優點是我們不需要界定時間與分層變項間互動效果的形式。另一優點是我們可以負的對數殘存函數的對數分佈圖用來檢驗將資料分層的類別共變項可能有的非比例效果。BMDP2L 程式可在單一表格中顯示出不同分層的負的對數殘存函數的對數。

但是，分層分析的一個主要的缺點是：在將每一分層中公式化 PL 函數時，我們不能比較不同分層之觀察期間的相對時間。因此，我們遺漏了可從此一比較中發現的資訊。在估計母數時，此一資訊額外的遺漏會導致在效度方面更大的損失 [3]。

採用 PL 估計法的模式選擇

卡方檢定的另一種使用方法

Cox 方法選擇模式需要再解釋，因為我們分析所用的 BMDP2L 程式對於比較巢狀模式相關檢定所提供資訊有誤導的嫌疑。

一般而言，我們有三個不同的卡方檢定法可以比較 *ML* 估計法所建立的巢狀模式：（1）概似率檢定，（2）分數檢定（score test），與（3）Wald 檢定。第一個方法已在第二章說明。其它兩種檢定法可參見 Rao（1973）。與其它兩類檢定相比，概似率檢定在實作上有一應用上明顯的優點。假設我們有巢狀模式 A、B、C，其中模式 B 是模式 A 的一個特例，而模式 C 是模式 B 的一個特例。若我們比較模式 A 對模式 B 以及模式 B 對模式 C，算出它們的概似率檢定統計值，比較 A 對 C 模式所得檢定統計值便成為上述兩檢定統計值的總和。此一特性並不存在於 Wald 檢定與分數檢定之中。

在略有差異的標準條件下，這三種檢定法全都出自於一致與趨近於常態的母數估計。這些條件，既與 ML 估計吻合，在 Cox 回歸模式的 PL 估計中也可被證明成立（Anderson & Gill, 1982; Liu & Crowley, 1978 Prentice & Self, 1983; Tsiatis, 1981）。因此，我們可以預期在某種標準條件下，若有足夠大的樣本數，這三種檢定法應是有效的。然而，BMDP2L 程式的操作手冊推薦讀者採用 Wald 檢

定法比較巢狀模式。它將分數與概似率檢定視爲選擇性的檢定方法，那是因爲根據部分概似函數所檢定的概似率函數與分數函數的趨近分佈未被證明爲卡方（chi-squre）（Dixon, 1985, p.590）。其實這是一種誤導，因爲我們看不出 Wald 檢定法有特別高於另兩種檢定法的優點[4]。

　　然而在實際經驗中，從替代的檢定法常可得出相當不一樣的數值，這一事實明白顯示出在分析現有樣本時，估計缺乏效率。總結來說，既然 PL 估計不如 ML 估計有效，三種檢定統計值不一致的問題會更常出現。因此，我建議採用一種以上的檢定法，並且檢查它們的一致性以評估這些檢定法的效度。

採用 BMDP2L 程式的模式選擇

　　BMDP2L 程式提供了數種檢定法。首先，是檢定每一個模式的總卡方檢定（global chi-aquare）。總卡方檢定是分數檢定[5]。此一檢定採用模式中所有母數皆爲 0 的假設。若在顯著程度與自由度已知的條件下，所算出統計值超過卡方值，我們便可排除此一假設。採用全體卡方檢定法必須注意，由於此法是分數檢定統計法，而非概似率檢定法，無法以卡方值的差異比較巢狀模式。

　　我們也許可以同時採用概似率檢定（或 Wald 檢定）與總卡方檢定作模式中所有母數之顯著程度的檢定。爲了取得概似率檢定（或 Wald 檢定）統計值，以完成此一工作，我們必須在 BMDP2L 中指定（1）採用概似率檢定（或 Wald 檢定），以及（2）模式中排除所有共變項。本章稍

後會說明此一檢定的實作步驟。

　　BMDP2L 程式爲了以 TEST 指令比較巢狀模式，也提供了三種卡方檢定統計值：Wald 檢定，概似率檢定及分數檢定。Wald 檢定是預設的檢定法。概似率檢定或分數檢定則是選擇性的，必須特別指定。因爲 BMDP2L 運算輸出包括每一模式概似對數之估計值。我們可以從兩模式所得概似對數（log-likelihood）之估計值之差的 2 倍比較巢狀模式的概似檢定統計值。但是，另外兩種檢定－－Wald 檢定與分數檢定－－則需指定排除母數假設爲 0 之共變項[6]。

應用：日本地區的工作流動分析

資料與假設

　　本章的範例採用日本地區 1975 年社會階層與流動調查資料，此資料也曾用於第四章的分析說明。此處著重於同一個題目：男性雇員跨公司的工作異動，其中的依變項事件是第一次出現跨公司工作的異動。基於與第四章相同的理由，超過 30 年以上的雇用期間被視爲在第 13 個年尾限控。出現在第四章的例子與練習分別以公司大小與職位作爲跨公司工作異動的共變項。以下分析所採用的關於公司與職位的範疇組合與第四章相同，並且也將在後面的表 5-3

說明。

但是，第四章的分析有一個重要侷限性。它並未考慮到跨公司工作異動的形式中可能的歷史變遷因素。Taira（1962）與 Cole（1979）所做的研究認為從第二次世界大戰前到戰後經濟成長期，日本地區的跨公司工作異動大為降低。本章所做的分析因此著重在三個時間獨立共變項的效果：公司大小、職位與年齡世代。1975 年中三個世代變項三分別為（1）20-34 歲的男性，（2）35-49 歲的男性，與（3）50-64 歲的男性。此一世代變項並不隨時間變化且區分為三世代的變項。依據這些世代，我們可以有四項特定假設。

在 1975 年時為 20-34 歲的男性基本上在 1950 年代中期以後就業。二次世界大戰後期間殘破的經濟環境在 1950 年代中期已經穩定，並且在 1950 年代之間轉業率大為降低。大約在 1960 年，開始了一段經濟快速成長的時期。勞力供給全面短缺促使雇主挽留工人，尤其是那些已工作一段時間且技術熟練的工人。如此，我們可以假定：

- 假設 1：在 1975 年時 20-34 歲的世代中，跨公司的工作異動率最低。

- 假設 2：對此世代之負面的時間效果最大。

1975 年時 35-49 歲者基本上在戰爭期間與戰後早期進入勞動市場。基於它們的勞動力參與期間從經濟穩定到經濟成長，此一世代應該經歷跨公司工作異動率的降低及雇

用期間的增長。

另一方面，1975 年時 50-64 歲者（戰爭結束時 20-34 歲）基本上在戰前進入勞動力市場。此一世代大多數人的職業都被非自願的軍事義務所中斷。因此，我們可以預期：

- 假設 3：在 1975 年時 50-64 歲的世代中，跨公司工作異動率最高。
- 假設 4：對此世代之負面時間效果最小。

藉由評估世代對跨公司工作異動率的主要影響效果，我們可以檢定假設 1 與 3。假設 2 與 4 則引用來檢定雇用期間與世代之互動對異動率的影響效果。

程式設計

本章的分析採用 BMDP2L。表 5-1 為此模式的範例。與第三章所舉的例子相似，BMDP2L 程式的應用是經由 SAS，採用 SAS BMDP2L 程序呼叫。前三行提供了採用此一程序的必要指令。（上述指令的說明見第三章）。

第 4 行，PRINT COV，是選擇性指令。加入此一指令可列印母數估計值的變異量與共變量（variance-covariance）的矩陣。

第 5 至 9 行，為一組 FORM 指令，用於限定依變項的特性。第五行是 UNIT 指令用於界定時間變項的測量單位

（年）。第 6 行 TIME 指令界定時間變項的名稱。此處界定了位在 SAS 輸入資料檔 JOBMOB 中的變項 DUR。第 7 行 STATUS 指令界定區分事件發生與限控的變項。位於輸入資料檔的變項 DC 在此程式中代表此一區分。第 8 與第 9 行合為一組指令，顯示在 STATUS 指令中被界定之變項的值。若事件發生，則變項值為 RESP= 指令所限定的值。事實上，RESP=1 與 LOSS=0 皆為預設值，因此在這個例子裡，第 8、9 行可以省略。

第 10 與 11 行 RGER（回歸）指令界定共變項。第 10 行 COVA（共變項）指令界定模式中的一組時間獨立共變項。共變項 FS1 到 FS5 分別以公司規模類別與基本類別作比較，共變項 OC1 至 OC5 分別以職位類別與基本類別作比較，共變項 CHT1 與 CHT2 分別以世代類別與基本類別作比較。

第 11 行 ADD 指令界定模式中一組依時共變項。這些共變項必須以一組函數或一個 FORTRAN 程式定義之。既然函數指令有足夠的彈性定義各類的依時共變項，本書只使用此類函數指令。

七個互動效果的變項 INT1-INT7 界定為模式中的依時共變項。

第 12-25 行是 FUNC（函數）指令，用於定義依時共變項。在此範例中，我們採用第四章應用於時間與共變項互動效果的表示方式。我們採用 Weibull-Type 的方式，藉由 LN（TIME）×[（Covariate）]表示互動效果。在函數指令中，關鍵字 TIME 表示時間變項依時變異的數值。如同

第四章的作法，我們設定當 TIME=0 時，互動變項以 0 表示。如此，在第 19-25 行，共變項 INT1 至 INT7 的定義必須以 TIME>0 爲條件。共變項 INT1 至 INT5 表示公司規模與 ln（時段）的互動效果，而共變項 INT6 與 INT7 表示世代與 Ln（時段）的互動效果。

表 5-1 BMDP2L 的程式範例

	行數 [a]
BMDP PROG=BMDP2L DATA=JOBMOB;	1
PARMCARDS;	2
/INPUT UNIT=3. CODE="JOBMOB".	3
/PRINT COV.	4
/FORM UNIT=YEAR.	5
TIME=DUR.	6
STATUS=DC.	7
RESP=1.	8
LOSS=0.	9
/REGR COVA=FS1,FS2,FS3,FS4,FS5,OC1,OC2,OC3,OC4,OC5,	10
CHT1,CHT2.	
ADD=INT1,INT2,INT3,INT4,INT5,INT6,INT7.	11
/FUNC INT1=0.	12
INT2=0	13
INT3=0	14
INT4=0	15
INT5=0	16
INT6=0	17
INT7=0	18
IF　（TIME NE 0）　THEN INT1=FS1*LN（TIME）.	19
IF　（TIME NE 0）　THEN INT2=FS2*LN（TIME）.	20
IF　（TIME NE 0）　THEN INT3=FS3*LN（TIME）.	21
IF　（TIME NE 0）　THEN INT4=FS4*LN（TIME）.	22
IF　（TIME NE 0）　THEN INT5=FS5*LN（TIME）.	23
IF　（TIME NE 0）　THEN INT6=CHT1*LN（TIME）.	24
IF　（TIME NE 0）　THEN INT7=CHT2*LN（TIME）.	25
/TEST STAT=LRATIO.	26
ELIM=INT1,INT2,INT3,INT4,INT5.	27

```
ELIM=INT6,INT7.                                    28
ELIM=FS1,FS2,FS3,FS4,FS5,OC1,OC2,OC3,OC4,OC5,      29
INT1,INT2, INT3,INT4,INT5,INT6,INT7.
/END                                               30
/FINISH                                            31
;                                                  32
```

a.程式中並未顯示行數

　　第 26-28 行的一組 TEST 指令提供有關無效果之各個假
設的檢定統計。指令 STAT=LRATIO 界定概似率檢定。若
省略掉此一指令，就會依原先設定而採用 Wald 檢定。第
27 行爲公司規模與ln（時段）互動效果不存在之檢定，第
28 行爲世代與ln（時段）互動效果不存在之檢定，而第 29
行爲假設以共變項所有母數皆爲 0 的檢定。

　　若我們比較希望採用世代作爲分層變項，並且只保留
職位與公司規模作爲共變項。那麼表 5-1 的程式必須作以
下的修正：（1）第 10 行的共變項中省略 CHT1 與 CHT2；
（2）從第 11 行的 ADD 指令中刪除 INT6 與 INT7,並且從
函數指令（17-18 行與 24-25 行）中刪除相關的界定，以及
（3）在 REGR 指令中加上一個選擇性界定 TRATA=CHT，
其中 CHT 爲一可分辨各世代中 1，2 及 3 的數值的變項。

表 5-2 被選定之模式的比較

模式	總 X^2	L^2	df	P
（A） 有 FS,OC,CHT 的未分層模式				
（1）比例型風險模式：模式 A1	169.49	172.37	12	.000
（2）模式 A1+FS×LN（TIME）	185.16	182.26	17	.000
（3）模式 A1+FS× LN（TIME）+FS* LN（TIME）^{2}	186.01	183.08	22	.000
（4）模式 A1+OC× LN（TIME）	173.12	175.16	17	.000
（5）模式 A1+CHT× LN（TIME）	191.87	193.62	14	.000
（6）模式 A1+CHT×LN（TIME）+CHT×LN（TIME）^{2}	72	196.48	16	.000
（7）模式 A1+FS× LN（TIME）+CHT× LN（TIME）	207.09	204.04	19	.000
（B） 僅有 FS 與 CHT 的未分層模式				
（1）比例型風險模式：模式 B1	120.27	117.83	7	.000
（2）模式 B1+CHT×LN（TIME）	141.37	138.12	9	.000
（3）模式 B1+CHT×LN（TIME）+FS× LN（TIME）	158.25	149.93	14	.000
（C） 有 FS 與 OC 的分層模式：以 CHT 爲分層變項				
（1）比例型風險模式：模式 C1	158.78	160.25	10	.000
（2）模式 C1+FSxLN（TIME）	173.63	170.02	15	.000
（3）模式 C1+OCxLN（TIME）	163.44	163.83	15	.000

巢狀模式的比較	Wald 檢定	概似率 檢定	df	
A2 vs. A1	9.95	9.89	5	>.050<.100
A4 vs. A1	2.79	2.78	5	>.700
A5 vs. A1	20.31	21.25	2	.000
A3 vs. A2	0.83	0.82	5	>.900
A6 vs. A5	2.88	2.85	2	>.200
A7 vs. A2	20.82	21.78	2	.000
A7 vs. A5	10.46	10.42	5	>.050<.100
B2 vs. B1	19.42	20.96	2	.000
B3 vs. B2	11.86	11.81	5	>.010<.050
C2 vs. C1	9.81	9.77	5	>.050<.100
C3 vs. C1	2.51	2.50	5	>.700

模式的比較

表 5-2 顯示了下列模式的計算結果：A1 至 A7 等 7 個以公司規模（FS）、職位（OC）以及世代（CHT）為共變項的模式；B1 至 B3 等 3 個僅以公司規模與世代為共變項的模式；C1 至 C3 等三個以公司規模與職位為共變項並採用世代作為分層變項的模式。我們採用 Wald 檢定與概似率檢定來作巢狀模式的比較。

兩種卡方檢定結果相當一致而且在模式 A1 到 A7 之間的比較一致顯示：不管其它互動是被排除在外或包含於模式之中，（a）世代與 ln（時段）的互動效果顯著且大（見 A5 對 A1 與 A7 比對 A2），（b）公司規模與 ln（時段）的互動效果（.05<p<.10）（見 A2 對 A1 與 A7 對 A5），以及（c）職位與 ln（時段）不顯著（A4 對 A1）。再者，世代與公司規模兩者與 ln（時段）的平方的互動效果不顯著（見 A3 對 A2 與 A6 對 A5）。

經由模式 B2 與 B3 的比較，兩種卡方檢定一致顯示若省略了職位變項，公司規模與 ln（時段）的互動效果會增加顯著程度（p<.05）。

與模式 A1 至 A7 的結果相比較，以世代作為分層變項的模式 C1,C2 與 C3，並未對公司規模與職位互動效果造成顯著的改變。公司規模與 ln（時段）互動效果的顯著程度最小（.05<p<.10）（C2 對 C1），而職位與 ln（時段）互動效果並不顯著（C3 對 C1）。我們無法在此檢定以 CHT 變項作為分層變項是否顯著增進模式對現有資料的適合

度，因為模式 A1 至 A7 與模式 C1 至 C3 是建立在不同的概似函數上。

表 5-3 被選定之模式的母數估計值

共變項	未分層模式					分層模式	
	A1	A5	A7	B2	B3	C1	C2
（1）公司規模（相對於 1000 或以上）							
0-4	0.864***	0.782***	0.449*	0.961***	0.621**	0.775***	0.462*
5-29	0.601***	0.597***	0.539**	0.731***	0.670***	0.596***	0.538**
30-299	0.452***	0.450***	0.435*	0.502***	0.492**	0.449***	0.438*
300-999	0.449***	0.428***	0.589**	0.436***	0.637**	0.434***	0.581**
政府單位.	0.391**	0.404***	0.656**	0.145	0.420†	0.400**	0.664**
（2）公司規模×ln（期間）（相對於 1000 或以上）							
0-4	—	—	0.269†	—	0.272†	—	0.252†
5-29	—	—	0.045	—	0.047	—	0.047
30-299	—	—	0.011	—	0.009	—	0.008
300-999	—	—	-0.125	—	-0.153	—	-0.115
政府單位	—	—	-0.183	—	-0.193	—	-0.191
（3）職位（相對於半技術工人）							
P,M,A[a]	-0.674***	-0.688***	672***	—	—	-0.681***	0.666***
行政秘書	-0.585***	-0.587***	-0.580***	—	—	0.584.-***	-0.577***
業務員	-0.074	-0.065	-0.055	—	—	-0.061	-0.052
技術工人	-0.106	-0.110	-0.116	—	—	-0.109	-0.113
無技術工人	-0.074	-0.063	-0.056	—	—	-0.064	-0.056
（4）年齡世代（相對於 20-34）							
35-49	-0.036	-0.317*	-0.311*	-0.337*	-0.330*	N/A	N/A
50-64	0.188*	-0.422**	-0.431**	-0.422**	-0.431**	N/A	N/A
（5）年齡世代×ln（期間）（相對於 20-34）							
35-49	—	0.257**	0.254**	0.253**	0.249**	N/A	N/A
50-64	—	0.479***	0.490***	0.469***	0.480***	N/A	N/A

a. 專業人員，經理與行政人員

† $p<.10$;* $p<.05$; ** $p<.01$; *** $p<.001$

　　表 5-3 是七個被選擇的模式—A1，A5，A7，B2，

B3，C1 與 C2 的母數估計值。若我們比較模式 A5 與模式 C1 的結果，以及比較模式 A7 與模式 C2 的結果，會發現其母數估計值相當接近。在這裡，模式 A5 與 A7 對年齡世代與 ln（時段）的互動效果採取母數控制（parametric controls）。其相對應的模式，C1 與 C2，以年齡世代作為一個分層變項，因而控制了世代與時間之間互動效果的任何可能形式。這兩組計算結果相近顯示了在模式 A5 與 A7 中，對互動效果的母數特定化並未顯著扭曲計算結果。因此，我們可以從未分層的模式中獲得更多訊息，同時母數估計值也不會有嚴重偏差。

分別以模式 A5 與 A7 比較模式 B2 與 B3，顯示了若我們未控制職位變項，公司規模的主效果改變相當大。在未控制職位變項的條件下，我們可能（1）相對於最大規模私人公司雇員，低估了政府雇員跨公司工作異動的風險率，以及（2）相對於最大規模私人公司的雇員，高估了在三種較小規模公司的雇員的異動率，尤其是公司規模在 0-30 個雇員的公司。職位變項的效果顯示了兩個高階類別—（1）專業，經理和行政人員以及（2）辦事員的風險率比其它類別低。因此，由於未控制職位變項，導致低估或高估公司規模效果，此一現象顯示了，與大型私人公司相比，（1）上述兩類職位的雇員大部份任職於政府機構，以及（2）小規模的私人公司中，這兩類雇員比例較低。

母數估計值的解釋

以下，我依據表 5-3 的計算結果，解釋模式 A1,A5 與 A7 的母數估計值。雖然模式 A1 並非所有被檢定模式中最好的模式，它是比例風險模式也是其它模式的參考，值得進一步分析。模式 A5 的計算結果也可用模式 C1 的圖表補充說明。

模式 A1

在表 5-3 中，模式 A1 的計算結果顯示當公司規模擴大時，公司規模對風險率的影響效果降低。也就是小公司之間，跨公司工作異動率較大。但是政府機構的工作異動率介於最大與次大私人公司之間則為例外。

職位變項的效果顯示，與其它職位的雇員相比，專業技師/經理/行政主管與辦事員，這兩類雇員的跨公司工作異動率顯著偏低。例如，與半技術工人相比，專業技師、經理與行政主管離開雇主的比率是 0.51[=exp（−.674）]倍；與業務人員相比，為 0.55{=exp[−.674−（−.074）]}倍[7]。在模式 A1 中的世代效果並未完全支持此一假設。雖然，最高世代成員的跨公司工作異動率最高（如假設 3 所預期），最年輕世代與中間世代之間並未有顯著的差異。此一現象不支持假設 1。但模式 A1 並未考慮到時間與世代之間可能的互動效果。因此，對於假設的檢定必須以考量到此類互動效果的模式再作進一步檢驗。這個工作由模式 A5 完成。

模式 A5 與 C1

　　模式 A5 附加了模式 A1 所缺的世代與期間之互動效果。雖然此一互動效果非常強，但與模式 A1 的計算結果相比，職位變項與公司規模效果的形式並沒有很大的變化。

　　模式 A5 顯示世代與ln（時段）互動效果之間的最大不同在於最老世代與最年輕世代（也就是，基本類別）之間。強烈的正相關互動效果顯示，相對於最年輕世代，最老世代的風險率隨時段增長而增加。雖然 Cox 的模式並未提供時間的主要效果，我們可以從第四章的分析得知，跨公司工作異動率隨時間遞減。因此，世代與時段的互動效果，實際上，顯示了負的時間依變關係—也就是，風險率隨時間遞減的傾向—在老世代中效果最低，在年輕世代中效果最高。此一發現支持前面說明過的假設 2 與假設 4。

　　由於有互動項的存在，世代變項的效果隨時間而異。因此，與世代變項主要效果相關的假設 1 與假設 3 的再評估必須考慮到互動效果。在模式 A5，隨時間改變的世代效果可計算如下：

$$\begin{array}{l} \text{世代，20-34：} \\ \text{世代，33-54：} \\ \text{世代，55-64：} \end{array} \begin{pmatrix} 0.000 \\ -0.317 \\ -0.422 \end{pmatrix} + [\ln（\text{時段}）\text{的值}] \times \begin{array}{c} \text{主要效果} \quad\quad \text{互動效果} \\ \begin{pmatrix} 0.000 \\ 0.257 \\ 0.479 \end{pmatrix} \end{array}$$

$$(5.13)$$

表 5-4 列出這些計算結果。既然表 5-1 的數字顯示了在每一年，兩較老世代對最年輕世代的效果，在每一列（時段）內的數字應作跨欄（世代）的比較。表 5-4 列出的結果部份支持假設 1，即最年輕世代在 4 或 5 年後風險率最低，但前幾年則非如此。假設 3 也受到部份支持，亦即最老世代在 3 或 4 年後風險率最高，但前幾年則非如此。這些發現顯示，在雇用期間延長，跨公司工作異動率降低的速度加快時最初的風險率相對較高。

表 5-4 模式 A5 推估的相對對數率：時段與世代別

時段別	ln（時段）	世代別		
		20-34	35-54	55-64
0	0.000a	0.000	-0.317	-0.422
1	0.000	0.000	-0.317	-0.422
2	0.693	0.000	-0.139	-0.090
3	1.099	0.000	-0.035	0.104
4	1.386	0.000	0.039	0.242
5	1.609	0.000	0.097	0.349
6	1.792	0.000	0.143	0.436
7	1.964	0.000	0.183	0.510
8	2.079	0.000	0.217	0.574
9	2.197	0.000	0.248	0.630
10	2.303	0.000	0.275	0.681
15	2.708	0.000	0.379	0.875
20	2.996	0.000	0.453	1.103
25	3.219	0.000	0.510	1.120
30	3.401	0.000	0.557	1.207

a 在模式 A5 中定義為 0

依據世代分層模式 C1 所得的分佈圖提供了關於世代與雇用期間之互動效果的補充說明。既然分層模式在不界定其形式下，便可反應時間與世代間的互動效果，模式 C1 可

被視爲模式 A5 的延伸。採用 PLOT 指令，我們可以取得所估計的殘存函數之圖形以及每一階層的負的對數殘存函數的對數的圖形。但是這些圖形只能是不包括依時共變項之模式所產生的圖形。圖 5-1 與 5-2 圖形的產生採用了公司規模變項（1,000 人以上的公司）與職位（半技術工人）的基本類別。

　　圖 5-1 說明了所估計的殘存函數。此圖顯示最老世代（50-64）的殘存函數降低的速度比另兩世代快。另兩世代的差異不大，但在八年之後，最年輕世代的殘存機率稍高。對取得所估計的殘存機率絕對層次（absolute level）之大致估計值（rough estimates），殘存函數圖形有相當的助益。例如，在第 15 年雇用期間，以公司規模與職位的基本類別爲條件，三世代中，留在同一公司的雇員的估計比例，在此圖中以 A、B、C 表示，分別是 32%，42% 與 44%。

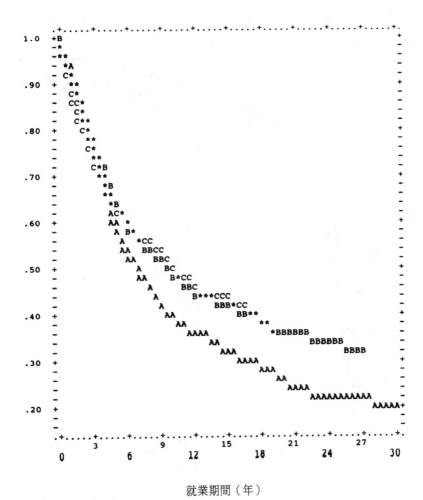

就業期間（年）

圖 5.1 模式 C_1 推估的殘存函數

註：世代類別如下：A=50-64；B=35-39；C=20-34；*=重複

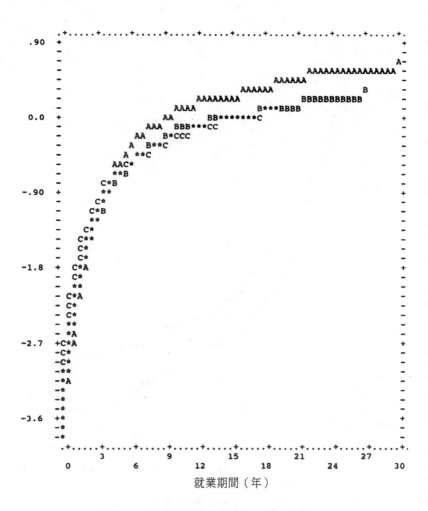

圖 5.2 模式 C_1 推估的負的對數殘存函數的對數

註：世代類別如下：A=50-64；B=35-39；C=20-34；*=重複

圖 5-2 說明了負的對數殘存者函數的對數。若世代效果成比例，不同世代之間的圖形應是平行的。如同我們已知道的模式 A5 計算結果，世代與時間的互動效果存在，所以較老世代一開始的風險率較低，但隨著時間增加風險率與其它世代相比相對較高。圖 5-2 中可確認此一變化：最老世代（以字母 A 表示）中，當雇用期間短暫時，其負的對數殘存者函數的對數稍低，但當期間增長時，風險率增高。相反的變化也確實存在於最年輕世代中（以 C 表示）。

　　模式 A7

　　模式 A7 在原來的模式 5 中增加了公司規模與ln（時段）的互動效果。由於包括了上述互動效果，職位效果與世代效果變化不大，底下只討論公司規模的效果。互動效果的存在意味著公司規模的效果會隨時間變化。同樣地，對於整體公司規模效果的計算我們必須考慮到主效果與互動效果。這些效果的計算公式與公式 5.3 相同，但不同的是，現在我們將公司規模分爲 6 個類別，並有主效果與互動效果之母數估計值的不同組合。計算結果見表 5-5。

　　依據模式 A7，表 5-5 公司規模對跨公司工作異動率的作用爲雇用期間的一個函數。既然每一年期間的效果是以1000 人或以上的公司（類別 5）作爲基本狀態，表 5-5 中的資料應在每一列（時間）中作跨欄（公司規模）的比較。

表 5-5 模式 A7 推估的相對對數比率：時段與公司規模別

時段類別	Ln（時段）	公司規模別					
		1	2	3	4	5	6
0	0.000[a]	0.449	0.539	0.435	0.583	0.000	0.656
1	0.000	0.449	0.539	0.435	0.589	0.000	0.656
2	0.693	0.635	0.570	0.443	0.502	0.000	0.529
3	1.099	0.745	0.588	0.447	0.452	0.000	0.454
4	1.386	0.822	0.601	0.450	0.416	0.000	0.402
5	1.609	0.882	0.611	0.453	0.388	0.000	0.361
6	1.792	0.931	0.620	0.455	0.365	0.000	0.328
7	1.964	0.972	0.627	0.456	0.364	0.000	0.300
8	2.079	1.008	0.633	0.458	0.329	0.000	0.275
9	2.197	1.040	0.638	0.459	0.314	0.000	0.254
10	2.303	1.068	0.643	0.460	0.301	0.000	0.235
11	2.398	1.094	0.647	0.461	0.289	0.000	0.217
12	2.485	1.007	0.651	0.462	0.278	0.000	0.201
13	2.565	1.139	0.654	0.463	0.268	0.000	0.187
14	2.639	1.159	0.658	0.464	0.259	0.000	0.173
15	2.708	1.177	0.661	0.465	0.250	0.000	0.160
16	2.773	1.195	0.664	0.465	0.242	0.000	0.149
17	2.833	1.211	0.666	0.466	0.235	0.000	0.138
18	2.890	1.227	0.669	0.467	0.228	0.000	0.127
19	2.944	1.241	0.371	0.467	0.221	0.000	0.117
20	2.996	1.255	0.674	0.468	0.215	0.000	0.108
22	3.091	1.280	0.678	0.469	0.203	0.000	0.090
24	3.178	1.304	0.682	0.470	0.192	0.000	0.074
26	3.258	1.325	0.686	0.471	0.182	0.000	0.060
28	3.332	1.345	0.689	0.472	0.172	0.000	0.046
30	3.401	1.364	0.692	0.472	0.164	0.000	0.034

a. 在模式 A7 中定義為 0。

表 5-5 顯示在第四年及以後 6 個公司規模類別變項中的相對（對數）風險率順序保持不變。此一順序與模式 A1 的發現相同。然而，最小類別與其它類別之間的差距隨時間增長而愈大。最大私人公司（類別 5）與另兩個風險率次低的團體─政府（類別 5）與 300-999 人的私人公司（類別 4）的差距隨時間而降低。這些結果與第四章的說明類似，但有以下差別。在第四章中，經過一段期間之後，政府雇

員的風險率變成有 1000 及以上之私人公司雇員的風險率。
此一高低順序逆轉的現象並未出現在表 5-5。 這個差異歸
因於職位變項的控制。計算結果顯示,在控制職位變項
下,雖然說隨時間增加兩者的差距愈來愈小,最大私人公
司的雇員與政府雇員比較,其跨公司的工作異動率一直是
較低的。

結語

　　Cox 的分析方法在許多方法論的教科書中有更詳細的
說明,例如 Coleman（1981）,Cox 與 Oakes（1984）,
Kalbfleisch 與 Prentice（1980）,Tuma Hannan（1984）,
Namboodri 與 Suchindran（1987）,以及 Blossfeld, Hamerle
與 Mayer（1989）。採用 Cox 法的社會科學研究現在相當
多,特別是在人口學方面。Cox 模式的實際應用,參見
DiPrete（1981）對 失 業 率 的 研 究,Carroll 與 Mayer
（1986）對工作異動的研究,Hogan 與 Kertzer（1986）對
移民的研究,Michael 與 Tuma（1985）對婚姻與親子關係
的研究,Fergusson 等人（1984）對離婚的研究,Teachman
與 Hekert（1985）對首次生產時機的研究,以及 Lehrer
（1984）對生育的研究。

習題

　　表 5-6 是本章所分析的資料。資料中的次數依照雇用期間、世代、職位〔區分非手工與手工工人〕，以及狀態變項（事件的發生或限控）作交叉分類。利用此資料作以下的練習。

1.　利用 Cox 法與 BMPD2L 程式，建立比例風險模式。解釋世代與職位的母數估計值。

2.　利用當 TIME>0 時 ln（TIME）×[共變項]檢定世代與職位對風險率可能有的非比例性效果。利用概似率檢定與 Wald 檢定，分別依據及不依據每一互動項（term），作巢狀模式的比較。找出最簡單明瞭且適合此資料的模式。

3.　利用含有世代與職位的主效果以及 ln（TIME）與世代之互動效果的模式，依據時段與世代，建構相對對數比例表。（參考建構表 5-4 所用的程式）。

4.　採用以世代為分層變項，以職位為共變項的分層模式。以 60 字為寬度，以手工與非手工人者為對象，依據估計所得的殘存者函數以及估計所得的負的對數殘存者函數的對數，分別畫出兩函數的分佈圖，回答以下問題：

　　(1) 世代變項的效果是否成比例？檢驗時，你應用了哪些圖？

(2) 在最老世代中，手工工人與非手工工人在第六年、第十二年、第十八年與第二十四年的殘存率趨近值爲何？

5. 應用分層模式，以職位作爲分層變項，以區分世代類別的兩個虛擬變項作爲共變項。以 60 字爲寬度，以最老世代爲對象，依據估計所得的殘存函數以及負的對數殘存函數的對數，畫出兩種函數的圖形。回答下列問題：

(1) 職位變項的效果是否成比例？

(2) 對非手工工人與手工工人在第 6、12、18 及 24 年時的殘存機率趨近值？

(3) 4 與 4b 及 5b 的分析結果是否一致？若不一致，產生差異的原因爲何？哪一項分析結果較可信？（提示：哪項分析適當的考慮了時間與世代互動效果的存在？）

表 5-6 以事件數與被追蹤檢查的觀察數做爲職位、世代以及跨公司工作異動/限控之年齡與首度就業年齡之間差距三者的函數（以 1975 年日本地區 20-64 歲非農男性雇員爲對象）

差距	事件數 20-34 職位[a] W	B	35-49 職位[a] W	B	50-64 職位[a] W	B	限控觀察數 20-34 職位[a] W	B	35-49 職位[a] W	B	50-64 職位[a] W	B
0	8	14	2	5	2	2	8	2	1	0	0	0
1	27	52	22	25	10	10	10	1	0	0	0	0
2	27	54	22	35	16	14	15	5	0	0	0	0
3	22	46	27	32	18	17	18	11	0	1	0	0
4	14	34	12	32	18	15	18	9	0	0	0	0
5	10	29	16	28	19	14	13	11	0	0	0	0
6	10	11	9	15	9	14	9	9	0	0	0	0
7	4	14	12	13	7	5	22	16	0	0	0	0
8	4	3	9	12	8	4	22	14	0	0	0	0
9	3	7	5	7	3	4	15	11	2	0	0	0
10	6	7	8	11	3	8	23	9	0	0	0	0
11	0	3	5	3	1	3	14	6	0	1	0	0
12	3	4	4	5	2	4	10	6	2	0	0	0
13	1	2	1	4	0	1	9	6	6	0	0	0
14	0	0	1	3	2	2	12	8	2	0	0	0
15	0	1	5	1	2	2	8	7	8	0	0	0
16	0	0	4	0	2	1	5	7	5	0	0	0
17	0	3	3	2	1	3	0	2	11	4	0	0
18	0	0	4	3	1	0	0	3	12	2	0	0
19	0	1	1	5	2	3	0	5	11	5	0	0
20	0	0	0	2	3	2	0	0	5	7	0	0
21	0	0	0	2	1	1	0	0	5	4	0	0
22	0	0	1	0	1	2	0	0	10	6	0	0
23	0	0	0	0	0	0	0	0	8	3	0	0
24	0	0	1	2	1	0	0	0	11	4	0	0
25	0	0	0	1	1	1	0	0	5	5	0	0
26	0	0	0	1	1	0	0	0	9	3	1	0
27	0	0	0	0	2	0	0	0	3	4	2	0
28	0	0	0	0	0	0	0	0	4	2	0	0
29	0	0	0	0	1	0	0	0	0	3	0	0
30	0	0	0	0	0	0	0	0	2	1	2	0
							[0	0	3	7	23	19][b]

資料來源：1975 年日本地區社會階層與流動之調查。
a. W=白領工作；B=藍領工作
b. 被限控的案例，因爲該案例超過了 30 年期間的上限。

註釋

1. 他們並不用逐步函數趨近時間依變項,改以一組一致相連的時間函數將模式於某時刻之適合度極大化以適用於每個鄰近且事先界定的離散時間的資料。

2. Accelerated failure-time 模式是有被限控觀察事件的時間對數之迴歸模式。對於母數 $\theta=\exp(\sum_k b_k X_k)$ 的殘存函數,他們假設 $S(t;\theta)=S_0(\theta_t)$。此種模式不能使用依時共變項,並且當時間趨近於無限時,設殘存機率為 0。然而,將殘存機率設為 0 的假設對許多生命事件而言,似乎並不合適(Diekman & Mitter, 1983, 1984)Yamaguchi(1990a)曾提議以模式的一個一般模型擴展某些 accelerated failure-time 模式,以放寬此一限制。這些模式採用一對迴歸方程式,一個用來預測事件發生時機的是否加速發生,另一個則用來預測殘存機率的高低限制。

3. 例如,假設我們有 $3N$ 個觀察。在沒有分層的條件下,關於相對期間,我們可得 $3N(3N\text{-}1)/2$ 對的比較。若我們區分出三個規模為 N 的分層,分層內對比的組合變成 $3N(N\text{-}1)/2$。一般而言,區分出 M 個樣本大小大致相同的分層會使比較數成為約原來的 $1/M$ 倍。母數的估計效度也因此降低。

4. 分數檢定應是一個有效的卡方檢定,因為部分對數概似函數之局部衍生(partial derivatives)的趨近常態分

佈與 Fisher 資訊矩陣（information matrix）之一致性（也就是對數局部概似函數之局部衍生的共變項矩陣），在某些標準條件下已被證明成立（Prentice & Self,1983）。但關於概似率檢定，文獻中似乎找不到支持其成立的有力證據。然而，在私下討論時，Ross Prentice 說，在應用 PL 方法於指數系列時，選擇 Wald 檢定或概似率檢定並無顯著差別，但是對以其它分配為基礎的模式，Wald 檢定有時會有令人不解的現象，但是概似率檢定則無此情形。相關的討論參見 Prentice 與 Farewell（1984）。

5. 藉由 BMDP2L 選擇分數檢定完成此一工作的決定也許是基於以下事實：若採用 PL 方法，對數層次檢定對假設為比例風險模式中所有母數皆為 0 作一次檢定。在無同步事件發生情況下，對數—層次檢定等於分數檢定。若有同步事件發生情形下，分數檢定會稍微低估，因此對所有母數皆為 0 的假設則是一個保守的檢定（Kalbfeisch & Prentice, 1980, 1981）。

6. 然而，比較巢狀模式時，也許不能單從別的模式中刪掉某些共變項的作法來直接建立一個模式。例如，一個模式來自別的模式中使兩個或以上母數相同，如 $b_1=b_2=b_3$。解決方式之一是將模式重新母數化。假設我們分別以 c_1，c_i+c_2，c_1+c_3 取代 b_1，b_2 與 b_3。那麼檢定 $b_1=b_2=b_3$ 會變成 $c_2=c_3=0$。

7. 與美國的分類相比，在「日本地區職位分類」中，「業務員」指的是一個職務更明確的範疇：他們的標

準形象是零售店，小型不動產公司，保險公司的業務員。此一類型原則上不包括政府行政單位裡的雇員，即使這些人的主要工作也是銷售。這些行政雇員大多數被歸類為「辦事員」。

6

用 Cox 法的連續時間模式，
II：依時共變項的使用及相關議題

方法與模式

　　採用依時共變項是事件歷史分析法的重要特色之一。我們關心的是某共變項狀態的轉變是否會影響到所研究之事件的風險率。然而，由於三個主要問題——無法觀察的異質性、抽樣誤差與反向的因果關係——因果的論證相當有限，本章有二個目的。首先說明依時共變項的一種分類方式，同時討論對每一組依時共變項的因果解釋所必須注意的事項。本章也討論無法觀察的異質性與抽樣誤差等議題，同時簡略說明了處理這議題的方法。但是，並未列舉這些方法的應用與範例。另外，本章也討論反向因果關係。第二個目的是以大學的退學率作爲依變項，用一個實際範例說明如何利用各種依時共變項。

抽樣誤差與無法觀察的異質性

在自然歷史的觀察中,人們能夠自己選擇進入某些依時共變項的各種狀態,與／或區別進入這些狀態的不同時機。因此,在控制時間的情況下,這些共變項對於風險率的影響不同,可能反映了每次不同共變項之狀態下的各組不同個案,並非這些狀態對風險率的真正影響效果。這是依時共變項的選樣誤差的本質。將個案隨機分在不同的狀態會消除最初的選樣誤差,但這無法用在自然歷史的分析中。

選樣誤差與無法觀察到的異質性或者刪除的變項有關,因為選樣誤差是產生在我們無法在模式中納入共變項與依賴過程(dependent process)的某些共同前置變項(common antecedents)——也就是,影響共變項狀態正反向轉換與事件風險率兩者的變項。

若無法觀察的母體異質性存在,我們可能高估了負的時段效果或是低估了正的時段效果(Finn & Heckman, 1982)。如果無法觀察到的因素提高了某些人發生某一事件的風險率,控制了模式中的共變項後,這些人將遭遇此一事件,且提前離開風險期的平均機率比其他人高。所以,時段效果與選樣效果會互相混淆在一起。也就是,控制共變項之下,當時間增加時,處於風險期且遭遇某事件的平均機率會變更小。

時段效果的這種誤差也會導致共變項效果的誤差[1]。總而言之,無法觀察的異質性不只導致(1)由於未控制共同

的前置變項造成某些依時共變項的選樣誤差，也導致（2）由於時間增長風險期內相對低危險群個案比例的增加，造成時段效果的誤差。

控制無法觀察之異質性的方法

相關文獻中已介紹了數種控制無法觀察之異質性的技術。共有兩種不同的方法。第一種叫做固定效果法。此法預設一組個人特定效果（person-specific effects）。第二種方法叫做隨機效果法，是用在將隨機誤差項放入模式中（Chamberlain, 1979/1985；Yamaguchi, 1986）。固定效果法（fixed-effect methods）能排除選樣誤差，但此法只能應用於可重複事件的分析，並且在應用上還有其他強烈的要求。因此，此法有其嚴重的限制（Yamaguchi, 1986）。

若我們從樣本的每一個人中，取得至少兩個完整的時段 [2]（也就是不限控的時段），我們便可將某種形式的固定效果法應用於重複過程 [3] 中的時段資料。這裡我們假設每一個案所處的多重時段是不同於用 Cox 的 PL 法建立的固定比例風險模式（或者其延伸模式）分析出來的時段。同時，我們也假設雖然全部個案的共變項母數相同，個案之間未經限定的基本風險函數會不同。因此，藉著以每一個案例之完整時段為時段資料的單獨觀察案，以及視每一個案為一個獨立的階層，我們便能將 PL 估計法應用於分層模式（Chamberlain, 1979/1985）。這種母數估計的應用方法只適用在個人之間與時段之間的比較。這種應用資料中每

一個案只有一對完整時段，並且共變項只因時段不同而異。那麼，我們可以用邏輯迴歸模式，指定 1 作爲二分式依變項在較短時段的值，0 爲在其他時段的值（參見 Kalbfleisch & Prentice, 1980, section 8.1）。固定效果法不能用在分析時間獨立共變項，因爲這些共變項的效果已被控制排除成爲母體異質性的效果。

不同於固定效果法，隨機效果法可同時應用於不重複與重複事件的分析，而且使用上的限制較少。然而，這兩種方法通常假設隨機誤差項與模式中的各個共變項無關，不能有效地排除選樣誤差。但是，隨機誤差法可以更正時段效果之估計值的可能誤差。

隨機效果法中隨機誤差呈混和分配（mixing distribution）。此混和分配界定了母體中隨機誤差分配的函數形式。Tuma（1978/1985） 採用珈瑪（gamma）分配完成此項工作。迦瑪模式可應用於 RATE 程式中（Tuma, 1979）。但是，Heckmand Singer（1982, 1984）已證實母數估計非常依賴母數混和分配（parametric mixing distribution）。因此，兩人主張對此混和分配作一非母數的估計。Heckman 與 Singer 的模式可藉由 Yate 的 CTM 程式（Yi et al, 1986）加以應用。

無法觀察到的異質性可能有點嚇到了事件歷史分析法的使用者。有些使用者依賴的電腦軟體並未能控制無法觀察到的異質性，而其他使用者並沒有信心能理解相關技術背後複雜的數學問題。但是，以下的建議是實際可行的。

由於未控制之異質性產生的誤差只是分析模式中許多

可能錯誤的界定之一。模式被錯誤界定的可能性還有許多[4]。例如，若考量共變項之間顯著的互動效果，則此一模式便會被錯誤界定了。這本書從頭到尾都強調尋找一個包含共變項效果的較佳模式。小心的模式分析風險率與共變項之間關係可以在不涉及複雜技術的情況下，確實減少母數估計的誤差（Logg, 1986）。其次，由於各種共變項對選項誤差，無法觀察之異質性，與反向因果效果的影響各不相同，在影響效果的因果解釋上，不同種類的依時共變項各有不同的注意事項。藉著對各個依時共變項不同特性的理解，我們可改善我們的分析方法並對其限制有更進一步的理解。

反向因果關係

　　關於依時共變項效果的因果解釋的另一個問題是反向因果關係。以下，依賴過程（the dependent process）指的是在風險率模式中被定義為標的事件（event of interest）的特定轉變情形。共變項過程指的是決定一個依時共變項數值的推測過程。反向因果關係指的是依賴過程對共變項過程的影響。反向因果關係成為一個問題是因為一個共變項對風險率的影響會與依賴過程對此一共變項數值的影響之間互相混淆的情形。

　　在瞭解反向因果關係的不同模式中，Tuma 與 Hannan（1984）區分比率依賴（rate dependence）與狀態依賴（state dependence）兩個互相依賴過程。以下，將用這些

概念表示反向因果關係的兩種不同形式。例如，若個案的職業受其婚姻的影響，則當職業被視爲離婚風險率的一個共變項時，便出現了因爲狀態而產生的反向因果作用。

另一方面，比率依賴指的是共變過程受到事件風險率直接影響的情形。例如，一個心理學上的共變項，如沮喪，在離婚事件的分析中可能直接受到離婚風險率增加或減少的影響。

狀態依賴與比率依賴之間的區分是用來分類以下的依時共變項。此一分類將突顯在解釋共變項影響效果的因果關係時所需要注意的事項。

共變項的分類方式以及其效果在因果解釋上的限制

過去的文獻中已提出依時共變項的數個不同類別（Cox & Oakes, 1984; Kalbfleisch & Prentice, 1980; Tuma & Hannan, 1984）。到目前爲止，對於何謂最好的分類方式似乎尚無共識。以下，則根據對其效果的各種因果解釋方式，將共變項區分爲幾種不同的類別。共變項的各個類別之間是互斥的，因此會有些共變項不屬於以下的任一類別。

時間獨立的、界定的與附屬的共變項：不受反向因果關係影響的共變項

三種不同的共變項不受反向因果關係的影響。其中一種是時間獨立共變項的值，在整個風險期中不因個案不同而改變。一般而言，有兩種時間獨立共變項：（1）一生中

均固定的狀態（ascribed statuses），比如種族與性別；以及
（2）在進入風險期之前（或者在進入之時）（或者，在一
可重複事件中，首次進入風險期之前）維持不變的狀態。
符合後者條件的例子是離婚事件分析中，初次結婚者結婚
時的教育程度以及結婚時的年齡。

　　時間獨立共變項的效果，在技術上與用固定效果法的
無法觀察之母體異質性密切相關。任何因果論證都涉及了
解釋變項對依變項的影響，在此一原則下，對第一種共變
項的影響效果作因果的推論仍顯不足。這些影響效果若不
是顯示了它們與某些造成風險率變動的真正未知因素相
關，就是共變項的類別只是單純顯示了個人隱藏性風險率
上的異質性。

　　在第二種共變項中（也就是，進入風險期之前的狀
態）也可能存在著共變項的因果效應。然而，由於這些共
變項各有不同的狀態，選擇誤差是普遍存在的。

　　另兩組依時共變項——依據 Kalbfleisch 與 Prentice
（1980）的用詞——分別是界定的與附屬的共變項，不受
反向因果關係的影響。若一個依時共變項的所有關係對所
有研究個案來說是事先決定的，我們稱之為界定的。若一
個依時共變項是外在於所有研究個案推測過程之結果，我
們稱之為附屬的（更正式的定義，參見 Kalbfleisch and
Prentice, 1980, p.123）。依照定義，這些共變項的值並不受
依賴過程的影響。兩者之間的差異在於：即使其值隨時間
改變，界定的共變項的值是被事先決定的，而附屬共變項
的值則是在風險期中推測而得的。

在第五章引用了一個與時間互動的共變項〔或者說 ln（時間）〕與一個時間獨立共變項。這是界定的共變項，因為對所有個案而言，其值是事先決定的。另一組的界定共變項包括了某些變項，若已知這些變項於每個個案進入風險期那一刻的值，對每一個案而言，此變項便成為時間的固定函數。例如，第二、三、六章分析中的個人年齡、歷史時期以及 12 個月份一週期，全部都是界定的共變項。

一個界定共變項的共變效果通常是指此共變項與改變風險率之因素相互關連的結果，而非共變項本身為一個影響因素。例如，在第四章與第五章中，我們發現了 ln（期間）與公司規模對工作異動率的一個互動效果。與私人公司比較，在政府機構中，風險率急遽降低所顯示出來的工作年資函數，也許可以政府對年資給予較高薪資回饋的薪資結構來解釋。若政府改變其薪資結構（一個可能為真的因素），則此一互動效果的形式將會改變。

同樣地，在本章所舉的例子中發現的大學退學率集中在某一月份的情形似乎可將大部份因素歸因於以下兩個因素的結合：（1）學生比較傾向在一學年結束時以及一學季（期）結束時退學，以及（2）大學在學年終與學季（期）終了時有長達數月的假期。若大多數大學系統性的改變學年計畫，那麼自大學退學的風險率每月變動的形式便會改變。

一個應用於風險期階段的界定共變項會受到來自無法觀察之異質性所導致之偏差的影響。例如，我們觀察在一定年齡之後，一特定異常行為首次發生率的降低。比如吸

食大麻，是因爲隨年齡增長，處於風險期中之低風險群個案的比例逐漸增加。

　　當個案於進入風險期的共變初值既非固定也非隨機分配時，選樣誤差也可能與界定共變項的效果互相混淆。一個可能的解決方法是同時控制界定共變項中表示其在時間面向的效果以及其在進入風險期時刻之最初值的效果。但是，此一方法通常會產生一個如何認定的問題，此一問題會在第七章詳細討論。例如，從離婚到再婚的分析中，若企圖分辨隨時間變化的年齡效果與離婚時的年齡效果，我們會遇到如何認定的問題，因爲年齡、離婚時的年齡與風險期（也就是，離婚期間）的效果都是曲線型的。

　　社會科學研究中可能不容易找到一個真正的附屬共變項。這是因爲未被界定清楚的依時共變項通常都是隨時間變化的個人特質，也因此並非外含於研究個案。如果樣本規模小到可以忽略，我們可以在反映母體特性隨時間變化的變項中找到接近附屬特性的依時共變項。例如，在分析從就業到失業狀況的轉變中，在母體中一個隨時間變動，反應勞力市場情形的失業率可被視爲一個附屬共變項。若樣本的規模比母體的規模小得多，個別作爲對失業率所造成影響可以忽略。

　　附屬共變項的影響效果可能存在著選樣誤差。例如，地區的失業率或犯罪率等依時共變項會反映出每一個地區的人口組合（也就是選樣誤差）。若一個模式不能包含各地區的類別效果以反映出它們原初風險率的差異，這些地區失業率的效果會同時反映出地區人口組成的差異以及地

方上就業或犯罪率隨時間變動所產生的效果。

狀態依賴（state-dependent）

　　狀態依賴指的是一共變項過程被依賴過程之狀態影響的現象。處於狀態依賴的依時共變項在此書中稱之為狀態依賴共變項。對於狀態依賴共變項諸種效果的解釋，除了選樣誤差與無法觀察到的異質性的問題之外，尚需注意反向因果作用的影響。解釋時所必須注意的事項會因相關的依賴事件可否重複發生此一條件而有所不同。

　　我們可以依賴事件為第一次婚姻的離異（也就是，一個不能重複的事件）為例說明，並假設就業狀態為一狀態依賴共變項。若個案的婚姻狀態在可能離異的風險期中並未改變，共變項（就業）的值因個案在每一觀察時刻是否依然處於風險期（也就是，仍在婚姻期間）或者是已經離開了風險期（也就是，離婚）而異。因此，當風險期（也就是，婚姻期間）增長，此狀態依賴共變項會傾向比其他值更大的數值。例如，結婚與不結婚比較，可能降低了失業率並且增加了男性在失業後再度就業的比率。那麼，停留於離婚風險期的男性個案之中，當婚姻期增長，我們會發現一較小比率的失業者。因此可認為狀態依賴所造成的反向因果效果使風險期的期間與狀態依賴共變項的狀態產生相關。那麼，若我們所應用的模式不能適當突顯期間對風險率的影響，我們就不只在時間效果的估計值上有所誤差。將期間依賴適當地納入模式中的重要性，可從許多依時變化的個人特質、舉止變化皆類似於狀態依賴共變項的

事實明顯看出。

在可重複事件的分析中，有可能出現一個關於反向因果作用的分立問題。既然，對一狀態依賴共變項而言，依賴過程的結果能影響共變項過程，依賴過程的第二個以及之後時段開端的共變項狀態能夠包括早先時段之結果的相關訊息。讓我們以婚姻狀態作為失業率的一個共變項為例。既然失業可能促使離婚事件的發生，於第二及之後就業時段初始離婚可能包含了關於早先就業歷史的訊息。一般而言，在可重複事件的分析中，一個狀態依賴共變項的效果可能有部份是不實的，因為其效果與之前的依賴過程結果混淆不清，除非後者的效果能完全被其它共變項所控制。

除了以上兩個關於反向因果作用的問題外，對採用了一個狀態依賴共變項的模式來說，有關未觀察到的共變項，或者被省略的變項的問題也是非常普遍。通常，某些在先前的共變項過程與依賴過程中未被觀察到的共同前提（common antecedents）會產生這個共變項對風險率的虛無效果。

狀態依賴所引起的另一個潛在問題存在於樣本選擇的過程上。若共變項與依賴過程兩者是由共同的狀態依賴結合而成，人們就不應依據此共變項過程的某一個特定結果來選擇樣本，因為此共變項過程並不獨立於另一個依賴過程。例如，在結婚事件的分析中，我們只選擇了有經驗的勞動參與者（也就是，曾有過工作經驗的人）。然而，有些人，特別是某些女人，可能沒有工作經驗，因為（1）她

們在就業之前便已結婚，以及（2）她們的婚姻降低了她們進入勞動市場的機會。因此，就那些在就業之前便結婚的人而言，他們被納入／排除於一個有工作經驗的樣本，部份取決於其婚姻的結果。然而，一個取決於依賴事件（也就是，婚姻）結果的抽樣卻並非不合適[5]。

比率依賴（rate-dependent）

比率依賴指的是共變項過程直接決定於依賴過程之轉換比率的現象。我們稱處於比率依賴現象下的共變項為比率依賴共變項。例如，對處於瀕於死亡狀態下的病患所做的身體檢查是比率依賴共變項，因為檢查結果的變化反映了死亡風險率的變化[6]。另一個例子是反映預期社會化效果的態度/行為變項，為發生於扮演某種社會角色之前的事件。Yamaguchi 與 Kandel（1985a）發現人們傾向於在結婚之前的那一年停止吸食大麻。此一結果的發生明顯地是因為吸食大麻與婚姻在人們的預期印象中並不相容。因此，以吸食大麻作為關於結婚率的一個共變項是處於比率依賴的前提下。結婚率增加改變了吸食大麻情形。因此，若以為停止吸食大麻增加了結婚率此一結論並不正確。

一般而言，若比率依賴共變項並不影響風險率，但因依賴過程的風險率影響了共變項過程的風險率，我們可推測比率依賴共變項，那麼這個共變項效果是完全虛無的且是反向因果影響的結果。若比率依賴共變項的狀態影響了依賴過程的風險率，我們就有了雙向的因果關係。一般而言，我們不能以任何簡單的方式分離一個比率依賴共變項

的因果關係與反向因果關係的結果 [7]。但是，在預期社會化的案例中可能存在著一個簡單的解決方案。假設依賴過程的風險率只在依賴事件發生之前的某個特定時段中影響共變項過程。例如，假設預期結婚在結婚之前一年內會影響某些行為。因此，若我們在預測結婚率時，對於因時變化行為共變項的測量，採取為期一年的延遲，我們就能夠延遲反向因果作用的效果。雖然，我們通常無法事先得知預期社會化發生的確切時間，但若是在共變項狀態的改變與事件的發生之間的時差有任何規律的存在，我們可以從對共變項的分析中得知。

範例：四年制大學退學率分析

資料與共變項

本章分析所依據的資料來自 1980 中學及以上學校調查及其後續的 1982 與 1984 兩次調查的特定次級樣本。此一調查的主要結果由 Coleman 與其同事發表（Coleman & Hoffer & Kilgore, 1982）。此處採用的樣本組成是（1）在 1980 年時是中學高年級學生並且是就讀太平洋海域地區的學校，並且（2）他們進入的第一所大學是四年制的大學。此樣本只限於太平洋海域地區以縮小樣本規模，如此便可

在本書中列出原始資料。

　　此處的依賴事件指的是自大學退學。那些選擇二年課程的學生被排除在此項分析之外，因爲花二年取得學位後離開學校既非退學也不等於花四年取得學位畢業。因此，此樣本包含了那些原本計畫以四年課程取得學位的人，而此處的依賴事件便定義爲在未能完成四年課程取得學位就退學。大多數個案，直到後續第二次調查的期間，也就是1980-1984 年間，處於自大學退學事件發生之風險期的主要部份。

　　限控的觀察案界定爲自四年制大學畢業者，或者是在1984 年第二次後續調查時，尚在同一所學校就讀者。然而被歸類爲自大學退學的少數案例可能包括了轉學到其它大學的學生。雖然轉學並非退學，但自學生最初的計畫來比較，兩事件有共同的特徵。我們此處預設進入一個四年制大學就讀的學生就是計畫在那個大學取得一個四年課程的學位。轉學或退學的學生都未能達成這個目標。

　　在本項分析中，採用了四個時間獨立與三個依時共變項 [8]。時間獨立共變項爲（1）性別，（2）中學成績，（3）個人在大學中是否爲選讀生或一般生，以及（4）進入大學就讀與自高中畢業兩者的時差。依時共變項爲（1）曾否結婚，（2）有一份每週工作 20 小時或以上的工作，以及（3）表示曆年各月份的一組 11 個虛擬變項。我們可以視前兩個依時共變項爲狀態依賴共變項，而視第三個爲一個界定共變項。

　　此樣本包括了 265 個個案，其中有 107 個退學案例，

有 158 個是被限控的觀察案例。這 265 個案例的原始資料見本章後的表 6-6。那些用來建立依時變異的就業狀況共變項（有一份每週工作 20 小時或以上的工作）的變項被排除在表 6-6 之外。

表 6-1 歸納了各共變項的類別與數值，同時也說明了事件以及各月份被限控之觀察案例的分組分佈。

實質假設

此處建立的條件主要源自直覺而未經深思熟慮。在其它因素相同的條件下，我假設（1）在學校中較優異的課業表現將降低退學率，（2）不間斷的求學過程降低退學率，以及（3）與學校生活衝突的角色增加退學率。我們以中學成績作為學業表現的指標來檢驗第一個一般性假設；自高中畢業與進入大學之間的時差用於檢驗第二個假設；假設選讀生的求學生活反映了與一般生求學生活相衝突的角色，則婚姻，耗時的工作、以及在大學中做一個選讀生，都用於檢驗第三個一般性假設。我們並未對性別的效果作任何假設。

表 6-1 依變項與共變項的説明

變項名稱	數值與說明	次數[a]	平均數[b]
I 依變項			
DUR（EVT=1）	各時段的事件		
	1-6	34	
	7-12	26	
	13-24	23	
	25-36	18	
	37-48	.6	
DUR（EVT=0）	各時段的限控案數		
	1-24	0	
	25-36	4	
	37-48	154	
II 時間獨立共變項			
SEX	性別		0.570
	0 男性	114	
	1 女性	151	
GRD	自填的高中成績		2.200
	1 大多數成績爲 A	88	
	2 一半成績爲 A，一半成績爲 B	83	
	3 大多數成績爲 B	55	
	4 約一半成績爲 B，一半成績爲 C	31	
	5 大多數成績爲 C	8	
	6,7,8 一半成績爲 C，且一半成績爲 D 或以下	0	
PRT	選讀生		0.906
	0 一般生（full time）	25	
	1 選讀生（part time）	240	
LAG	進入學院與自高中畢業的時差，範圍=0-43		3.453
III 依時共變項			
MS	曾經結婚		
	0 未結婚		
	1 曾結婚		
	（參考：曾結婚者佔樣本的 10.6%）		
EMP	就業		
	0 沒有工作或每週工作少於 20 小時		
	1 每週工作 20 小時或以上		
	（參考：曾每週工作 20 小時或以上者佔樣本的 58.1%）		
M1-M5	以月份爲單位的虛擬變項；每月的值爲 1		
M7-M12	六月爲基本月		

a. 本資料未說明依時共變項。

b. 本項資料只說明時間獨立共變項。

196 事件史分析

用於模式分析依時共變項的程式設計

在本章中，我們再次採用 BMDP2L 作分析，在 SAS 程式中使用 BMDP 程序。在第五章中採用的依時共變項，代表了時間獨立共變項與時間的一個已界定函數之間的互動效果。相反地，本章中所採用的依時共變項是依據輸入資料檔中已有的輔助變項加以界定的，稍後會加以說明。

表 6-2 說明了一個程式範例。在第 3-8 行，時間獨立共變項的兩兩互動在 SAS 資料步驟中界定。第 11-12 行顯示 TIME 變項，DUR，代表在大學求學的月數。第 13-16 行顯示 STATUS 變項，EVT，以 1 表示自大學退學，並以 0 表示被限控的觀察案例。

第 17 至 22 行是一組迴歸指令。在第 17 行，4 項變項（SE, GRD, PRT 與 LAG）以及它們之間的 6 種互動在 Cov= 指令中被設定為時間獨立共變項。在第 18 行，ADD=指令中，顯示本分析使用了 35 種時間獨立變項。在第 20-21 行，AUX= 指令中，設定了輔助變項。各輔助變項被放在輸入資料檔，HASB，SASFILE 中，並且在功能指令中用來界定依時共變項。輔助變項本身並未被包含於模式之中。

在第 23-69 行中設立的一組函數指令由三部份組成。第一個部份（23-25 行）界定一個依時變項，標記為 MS，代表「曾經結婚」。此處採用兩個輔助變項，STM 與 MRG：STM 指的是每一個案大學生活開始的年月，採用一定義為 12（年份-1980）加上月份的年月的連續代碼，而 MRG，用

相同的年月代碼計算之，指的是結婚的年月。若是從未曾結婚的個案，其 MRG 值設爲 99。

在第 24 行，一個依時變異的變項 TM 被界定爲 TIME+ME+ STM- MRG。我們回想一下，TIME 是 BMPD2L 的一個關鍵字，用於表示風險期期間因時間不同的數值。STM 與 MRG 之間的差異顯示了進入大學的時間與結婚時間的時差。若是在進入大學前結婚，STM－MRG 的值不會是負數。因此，TM 永遠不是負數，因爲 TIME≥0 且 STM－MRG≥0。對那些在進入大學後才結婚的人來說，STM－MRG 的值是負數。然而，當 TIME＋STM 的值達到婚姻（MRG）的年月值時，TM 爲 0，並且在這一時點之後爲正數。若是從未結婚的個案，TM= TIME＋STM－MRG 永遠都是負數，因爲 MRG 的值爲 99，而在觀察期間，TIME+STM 的值不能超過 99。因此，既然 MS 最初的值設定爲 0（第 23 行）且當 TM≥0 時（第 25 行），其值爲 1，MS 代表了曾經結婚與從未結婚兩者相比的因時變異虛擬變項。

第 26 至 62 行爲函數指令的第二個部份，其中界定了代表一週工作 20 個小時或以上的工作的依時共變項。我們在此遭遇的一個複雜問題是我們不單只是區分是否曾工作或不曾工作。相反地，就業狀況是被視爲在風險期間可能變化數次的一種因時不同的狀況。實際上，每個個案大都有 9 種不同的工作階段。變項 EMP 定義如下。

輔助共變項 JS1-JS9 分別代表了第一項到第九項工作開始的年份及月份。若某個案並未有第 i 個工作階段，以代

碼 99 表示 JS{i} 的值。同樣地，輔助共變項 J1E-J9E 分別代表了第一項到第九項工作階段結束時的年份及月份。我們再次以代碼 99 表示某項工作階段並未存在的案例。若在調查中某項階段被限控，則輔助變項的值爲觀察時的最後年份及月份所表示的代碼。

另一個複雜的問題是每個個案的工作階段可能重複。在記錄原先工作開始時刻之變項的建構中，JS1-JS9，後一個階段絕不會比前一個階段更早開始，也就是，JS1 ≦ JS2...≦ JS9 的關係爲真。然而，後一個階段可能較早結束。各階段結束年份與月份之間缺乏順序的狀況使得 EMP 變項的定義複雜化。因此記錄結束年份月份的變項在 SAS 資料組中被重新編碼。以符合 JE1 ≦ JE2...≦ JE9 的條件。若原先的大小順序爲 JE{$i+1$} < JE{i}，則 JE{$i+1$} 被重新編碼等同於 JS{i}。

最後一組輔助共變項，J1-J9，分類每一工作階段的工作時數。這些變項以數值 2 表示每週工作 20 小時或以上的一份差事，以數值 1 表示每週工作少於 20 小時的一份差事，以數值 0 表示某個工作階段的欠缺。

如此，在 26 至 28 行，當個案第一次工作並且在這差事中每週工作 20 小時或以上，EMP 值設爲 1。在 29 至 30 行，當個案離職，將 EMP 重新編碼爲 0。在 9 個工作階段中，上述程序一再重複（31-62 行）。除非 JE1-JE9 被重新編碼以滿足 JE1≦JE2...≦JE9 的條件，EMP 的此項定義可能變成不適當。

函數指令的第三部份（63 至 69 行）界定了其它依時

表 6-2 程式範例 1

	行[a]
DATA RATEIN;	1
SET HSAB.SASFILE;	2
INT1=SEX*GRD;	3
INT2=SEX*LAG;	4
INT3=SEX*PRT;	5
INT4=GRD*LAG;	6
INT5=GRD*PRT;	7
INT6=LAG*PRT;	8
PROC BMDP PROG=BMDP2L DATA=TATEIN;	9
PARMCARDS;	10
/INPUT UNIT=3.CODE='RATEIN'.	11
/FROM UNIT=MONTH.	12
TIME=DUR.	13
STATUS=EVT.	14
RESP=1.	15
LOSS=0.	16
/REGR COV=SEX,GRD,PRT,LAG,INT1,INT2,INT3,INT4,	17
INT5,INT6.	18
ADD=MS,EMP,INT7,INT8,INT9.	19
AUX=MRG,STM,JS1,JS2,JS3,JS4,JS5,JS6,JS7,JS8,JS9,	20
JE1,JE2,JE3,JE4,JE5,JE6,JE7,JE8,JE9,J1,J2,	21
J3,J4,J5,J6,J7,J8,J9.	22
/FUN MS=0.	23
TM=TIME+STM-MRG.	24
IF（TM GE 0）THEN MS=1.	25
EMP=0,	26
TM=TIME+STM-JS1.	27
IF（TM GE 0 AND J2 EQ 2） THEN EMP=1.	28
TM=TIME+STM-JE1.	29
IF（TM GE 0 AND J1 EQ 2）THEN EMP=0.	30
TM=TIME+STM-JS2.	31
IF（TM GE 0 AND J2 EQ2） THEN EMP=1.	32
TM=TIME+STM-JE2.	33
IF（TM GE 0 AND J2 EQ2） THEN EMP=0.	34
...	...
...	...
TM=TIME+STM-JS9.	59
IF（TM GE 0 AND J9 EQ2） THEN EMP=0.	60
TM=TIME+STM-JE9.	61
IF（TM GE 0 AND J9 EQ2） THEN EMP=0.	62
INT7=SEX*MS.	63
D2=0.	64
D3=0	65

（續下頁）

```
IF（TIME GE 12 AND TIME LE 23）D2=1.                    66
IF（TIME GE 24）D3=1.                                   67
INT8=GRD*D2.                                            68
INT9=GRD*D3.                                            69
/STEP=MPLR.                                             70
START=IN,IN,IN,IN,OUT,OUT,OUT,OUT,OUT,OUT,              71
    IN,IN,OUT,OUT,OUT.                                  72
MOVE=0,0,0,0,2,2,2,2,2,2,0,0,2,2,2.                     73
/END                                                   74
/FINISH                                                75
;                                                       76
```

a. 程式中並未顯示行數

共變項。第 63 行界定了表示 MS 與 SEX 互動效果的共變
項。第 64 至 69 行界定了表示 GRD 與一個將時間三分的變
項之間互動的兩個共變項 INT8 與 INT9。此處，虛擬變項
D2 與 D3 根據第一年的事件數，分別比較第二年事件數與
第三、第四年事件數的和。與在 SAS 資料步驟中（第 3 至
8 行）已被界定的互動項不同的是這些互動項中有一個構成
變項依賴於時間。

　　第 70 行的步驟指令顯示基於概似率檢定的多重要素之
逐步分析應被管理。接下來的兩行限定所有主要效果一開
始時被包括在此模式中（IN）並且所有互動效果一開始時
被排除（OUT）。第 73 行限定主效果應一直被包含在模式
之中次數（number of moves= 0），並且每一個互動效果進
出此一模式的次數不超過 2 次。在 71 行至 73 行，共變項
的順序與 COV 及 ADD 指令（17-19行）的順序相同。

　　表 6-3 是以 BMP2L 程式採用依時共變項的另一個例
子。表 6-3 中的程式事實上是用來取得將在稍後提出的模

式 5 的結果。

表 6-3　程式範例 2

	行[a]
DATA RATEIN;	1
SET HSAB.SASFILE;	2
PROC BMDP PROG=BMDP2L DATA=RATEIN;	3
PARMCARDS;	4
INPUT UNIT=3.CODE='RATEIN'	5
/FORM UNIT=MONTH.	6
TIME=DUR.	7
STATUS=EVT.	8
/REGR COV=SEX,GRD,PRT,LAG.	9
ADD=MS,M1,M2,M3,M4,M5,M6,M7,M8,M9,M10,M11,M12.	10
AUX=MRG,STM.	11
/FUN MS=0.	12
TM=TIME+STM-MRG.	13
IF（TM GE 0）THEN MS=1.	14
PER1=TIME+STM.	15
X=PERI / 12	16
IX=INT（X）,.	17
MNTH=PERI-12*IX.	18
M1=0.	19
M2=0.	20
M3=0.	21
M4=0.	22
M5=0.	23
M7=0.	24
M8=0.	25
M9=0.	26
M10=0.	27
M11=0.	28
M12=0.	29
IF（MNTH EQ 1）　THEN M1=1.	30
IF（MNTH EQ 2）　THEN M2=1.	31
IF（MNTH EQ 3）　THEN M3=1.	32
IF（MNTH EQ 4）　THEN M4=1.	33
IF（MNTH EQ 5）　THEN M5=1.	34
IF（MNTH EQ 7）　THEN M7=1.	35
IF（MNTH EQ 8）　THEN M8=1.	36
IF（MNTH EQ 9）　THEN M9=1.	37
IF（MNTH EQ 10）　THEN M10=1.	38
IF（MNTH EQ 11）　THEN M11=1.	39
IF（MNTH EQ 0）　THEN M12=1.	40

/END	41
/FINISH	42
;	43

a. 行數並未顯示於此程式中

在表 6-3，依時變異的月份變項被定義爲依時共變項。它們的定義呈現在 15 至 40 行的功能指令。輔助變項 STM，開始大學生活的月份年份，以 1 表示 1980 年 1 月，並且對後續的每個月，其值進 1。如此，我們依據在大學的期間長短（TIME）以及大學生活開始的月份年月（STM），將兩者的和減去一個乘以 12 的積（a multiple of 12）便是觀察事件當時所處的月份（MNTH）（15 至 18 行）。MNTH 變項如此表示了該年的各月份，除了 12 月是以數值 0 表示以外。一組 11 個虛擬月份變項 M1-M5 以及 M7-M12 的界定程序，以 6 月爲對照狀態，顯現於 19 至 40 行。

各種模式的檢定與比較

表 6-4 顯示了所選取的五個模式的結果。有更多的模式以逐步迴歸檢定。例如，經由對此模式中四個共變項之間全部六個互動效果的檢驗得到模式 1。其中，只有 PRT 與 LAG 的互動效果顯著。同樣地，再檢定兩個依時共變項，MS 與 EMP，及其他共變項之間所有可能互動之後得模式 2。對所有共變項來說，藉著假設（1）一共變項與線性時間的互動效果，以及（2）一共變項與兩個虛擬變項之間的互動效果，我們可執行兩項非比例性的檢定。其中，

假設（2）中二個虛擬變項是以第二年事件數以及第三年與第四年的事件數總和，分別與第一年事件數比較。使用兩個而非三個虛擬變項是因為在第四年事件數很少之故（見表 6-1）。除了一個未能適當集中的案例之外，分析結果全無顯著相關。

有趣的是，將 1 組 11 個月份變項引入模式 2 會造成 PRT 與 LAG 互動效果不顯著。因此，藉由從模式 3 中刪掉 PRT*LAG，可得模式 4。從模式 4 中刪掉 EMP 可得模式 5。藉由底下的原始資料，可以複製這個模式的分析結果。

呈現在表 6-4 中的分析結果有一個引人注目的特點。在每一個模式的三項卡方檢定之間有相當的差異。對每一模式來說，總卡方值（Global X^2），也就是分數統計值是最大的，而概似率卡方值是最小的 (L^2)。我們回想一下 BMDP2L 程式可自動計算出分數統計值，但必須採用 TEST 步驟才能求得另外兩項檢定值（參見第五章）。檢定統計值之間的差異明白指出巢狀模式之間的比較必須基於一種以上的檢定法。對於附加在模式中各因素顯著程度的測量，我們採用 Wald 與概似率 (L^2) 兩種檢定法，由表 6-4 可知，此二種檢定法計算結果相當接近 [9]。計算結果顯示，在此處檢定的模式中，模式 4 對該項資料有最佳的適合度。

表 6-4　大學退學率分析

共變項	模式 1	模式 2	模式 3	模式 4	模式 5
時間獨立共變項					
（1）　SEX	0.324	0.340†	0.380†	0.372†	0.342†
（2）　GRD	0.285**	0.289***	0.274**	0.269**	0.272**
（3）　PRT	1.462***	1.368***	1.063**	0.969***	1.004***
（4）　LAG	0.127***	0.125***	0.084***	0.078***	0.080***
（5）　PRT*LAG	-0.086*	-0.081†	-0.018	——	——
依時共變項					
（6）　MS	——	1.255**	1.274**	1.285**	1.308**
（7）　EMP	——	0.512*	0.470*	0.474*	-
（8）　M1	——	——	-1.691*	-1.694*	-1.738*
M2	——	——	-1.435†	-1.427†	-1.525*
M3	——	——	-1.820*	-1.724*	-1.876*
M4	——	——	-0.714	-0.717	-0.736
M5	——	——	-0.193	0.214	0.223
M7	——	——	-1.570†	-1.580†	-1.582†
M8	——	——	-0.341	-0.355	-0.392
M9	——	——	-2.240*	-2.269*	-2.348*
M10	——	——	-3.078*	-3.176*	-3.238*
M11	——	——	-2.490**	-2.568***	-2.666***
M12	——	——	-0.422	-0.436	-0.484
Global $\chi 2$（score）	84.67***	100.63***	136.05***	136.03***	129.82***
Wald	66.51***	80.55***	108.83***	107.58***	101.45***
L2（LR）	49.57***	62.70***	98.15***	97.99***	92.37***
df	5	7	18	17	16

以 Wald 與概似率檢定（L2）比較各模式		模式 1	模式 2	模式 3
刪除：PART*LAG	Wald	4.29*	3.44†	0.16
	L2	5.20*	4.30*	0.16
	df	1	1	1
刪除：MS	Wald		8.64**	
	L2		6.20*	
	df		1	
刪除：EMP	Wald		6.59*	
	L2		6.59*	
	df		1	
刪除：M1-M5,	Wald			31.20***
M7-M12	L2			35.46***
	df			11

† p<.10; *p<.05;p**<.01; ***p<.001

模式 4 推估之母數的解釋

在模式 4 中包含了 4 個時間獨立共變項與 2 個依時共變項，它們的效果都由單獨的母數顯示出來。因此，也許值得藉由在此一模式中逐步刪除每一個因素之時卡方值的減低來檢驗出那些因素要比其它因素重要。雖然同一程序也應用 11 個 1 組的月份虛擬變項的檢驗，此一檢定法會產生一個自由度為 11 的卡方統計值，因而此種計算結果不能與其它自由度為 1 的檢定法直接比較。列於表 6-5 的 Wald 與概似率卡方檢定統計值是藉下列方式取得：（1）從模式 4 中刪除每一個因素，一次一個，並計算在刪除某個因素的過程中的檢定統計值；（2）換掉該因素並重複步驟（1）。

表 6-5 列出了在兩項檢定法之間一些不重要的不一致。然而，整個來說，這些檢定法的結果一致並且顯示了在使用單一母數的共變項中，PRT 與 LAG 對該模式的解釋力（以卡方衡量）貢獻最大。GRD 是第三個重要的因素，MS 排名第四，EMP 排名第五，而 SEX 解釋力最弱，僅是些微顯著。但若採用 11 個母數，月份的區分對卡方值的貢獻大過對任何其它共變項。它的 P 值（P level）（未顯示）建議月份因素的效果約與 PRT 或 LAG 的效果一樣強。

然而，二分法共變項的卡方值決定於兩個類別之間的相對規模。若相對於另外一個，其中一個類別的規模非常小，即使其母數估計值高，也只能解釋一小部份的卡方

值。因此，在二分化的共變項中——SEX, PRT, MS 與 EMP——便以母數估計值的規模大小爲基礎作一不同的比較。我們可以從表 6-4 中的各係數看出，在 MS 變項兩狀態之間對數——風險率的差異最大，接著是 PRT，EMP 與 SE，愈後者值愈小——雖然說，我們必須要作各差異間的顯著性檢定，才能對此一數值大小順序作一明確的敘述。

依據各比率之間的比值，已婚者自大學退學的可能性高於單身者的 3.58[exp（1.275）]倍。進入大學作選讀生的人退學的可能性是大學一般生的 2.64[exp（0.969）]倍，而工作 20 小時或以上會使遭到退學的可能性達到 1.61[exp（.474）]倍。這些分析結果支持稍早討論的假設，亦即干擾學校生活的角色衝突增加退學的風險。

關於求學過程連續性的假設已受到此分析結果的支持。LAG 的效果顯示延遲進入大學的每一年使退學率提高爲 2.55[exp（12×0.078）]倍高。關於學校表現方面的假設也爲此分析結果支持。例如，自認其在中學所得成績大多爲 B 的學生自大學退學的可能性是中學所得成績大多爲 A 之學生的 1.71[exp（2×0.269）]倍（GRD 的值參見表 6-1）。

最後，在各月份的係數顯示自大學退學最可能發生在五、六月並且最不可能發生在九、十及十一月之間。因此退學的最可能典型是學生未在暑假結束後返回學校，而最不可能的典型是發生在秋季學季／學期且在 12 月之前的退學。最風險的月份（五月）的風險率是最不風險月份（十月）的 29.67[exp（0.214−（−3.176））]倍高。

結語

關於依時共變項的討論，參見 Tuma 與 Hannan （1984,
第 7 與 8 章），Kalbfleisch 與 Prentice（1980, 第 5.3 節）
及 Cox 與 Oakes（1984, 第 8 章）。關於如何處理無法觀察
之異質性的方法，參見 Tuma 及 Hannan（1984, 第 6.3、
6.4 節），Heckman 與 Singer（1982, 1984）及 Trussell 與
Richards（1985）。關於各種處理無法觀察到異質性的方法
與模式之比較，參見 Yamaguchi（1986）。

表 6-5　自模式 4 刪除一個共變項後的卡方值

被刪除的共變項	Wald 檢定	概似率檢定（L^2）	df
SEX	3.23†	3.32†	1
LAG	13.75***	9.60**	1
GRD	9.77**	9.42**	1
PRT	12.19***	10.24**	1
MS	8.86**	6.35*	1
EMP	5.61*	5.62*	1
M1-M5,M7-M12	34.51***	39.59***	11

† $p<.10$; *$p<.05$;$p**<.01$; ***$p<.001$

習題

1. 利用表 6-6 的資料,演算以下對大學退學率的分析。

   (1) 重新計算表 6-4 中的模式 5。

   (2) 在保留模式 5 所有共變項的條件下,利用逐步迴歸檢驗時間獨立共變項之間的互動效果。

   (3) 選取一個時間獨立共變項作以下的檢定。利用 Wald 檢定與概似率檢定評估下列互動效果的顯著程度。

      (i) 此共變項與 TIME 的互動效果

      (ii) 此共變項與 D2 和 D3 的互動效果,其中 D2 是第二年事件與第一年事件的比較; D3 是第三及第四年事件與第一年事件的比較。

2. 依據表 6.6 的資料,用 BMDP2L 對結婚事件作以下分析。請注意,此分析只是一項練習—其中包含了兩個方法論的問題。底下的問題(1)與問題(2)表達了方法論的問題,而問題(3)到(i)則是關於此一事件的分析。

   (1) 很明顯可以看出,此一分析並未能呈現出一個未進大學求學者的次級母體。此外,在將

分析結果一般化的議題及其他議題上，關於
選樣的程序是否還有其它問題？爲了回答這
個問題，我們來考量底下的情況。

在社會 A 中，人們不會在離開中學前結
婚，當他們離開學校後，他們也不會再回
去，而且除非在高中畢業後立刻進入大學求
學，否則他們也不會進大學。因此，結婚與
否總是在決定是否進大學之後才決定的。在
社會 B 中，人們可能在離開中學之前結婚，
或者他們可能在結婚後，在一個不是剛自中
學畢業的時間進入大學。在社會 A 中，分析
進入大學者之間的結婚事件是合宜的，但對
於社會 B 而言，並不合適。說明其理由。
（提示：複習在本章中標題爲「狀態依賴共
變項」小節關於樣本選擇的討論）。

(2) 我們在此假設每個人都在 1980 年 1 月進入結
婚的風險期。就既有的資料，此一假設是否
適當？如果不適當，說明原因爲何？並且在
握有相當變項的條件下，提出對此風險期的
更好定義。若就此例而言，此一假設可說是
適當的，對不同的資料組而言，這樣一種定
義是否都可算是適當？說明其理由。（提
示：現有的樣本只包含一個世代）。

(3) 在 1984 年二月之前未結婚者，結束對他們的
觀察。計算表示在 1980 年 1 月後單身之時段

的依變項。同時計算區分事件發生與被限控案例的狀態變項。要注意的是變項 MRG 是依據一種年份—月份的代碼，以及，1980 年 1 月的值爲 0，並且若個案從未結婚，定其變項值爲 99。

(4) 以 SEX 與 GRD 爲共變項，應用比例風險模式。

(5) 在此一分析中，我們不能使用 PRT 與 LAG 作爲時間獨立共變項。說明其原因。

(6) 建立一個依時共變項表示曾自大學退學，並將此共變項置於模式中。注意若 EVT=1，STM+ DUR 成爲退學事件的年份月份。

(7) 檢驗各共變項之間的互動效果。

(8) 經由對每一共變項與 TIME 之互動效果的檢定，檢驗非比例性效果。

(9) 自上述被檢定諸模式中，解釋其中最適合模式的分析結果。

註釋

1. 與線性迴歸分析比起來，在應用比例風險模式及模式 1 或其衍生模式做事件歷史分析時，所遭遇的無法觀察到的異質性問題更嚴重。在線性迴歸中，若被省略

的變項與所包含的各解釋變項並不相關，影響該依變項的變項被省略並不會導致母數估計值的任何偏差。相反地，若影響比例型風險模式中的風險率的變項被省略一定會導致母數估計值的偏差，即使這些被省略的變項與所包含的各變項原先並不相關（Trussell & Richards,1985）。

2. 採用右端限控的時段會產生偏差，因為所採用者一定是每一個個案最後一個時段。換句話說，右端限控與各時段的先後順序無關，因此各共變項可能只是因它們與各時段先後順序的關係而產生偏差。

3. 此處的重複過程模式與在第三章討論的已被模式化（modulated）的重複過程模式並不相同，因為前一個模式不能採用顯示各時段之間互相依賴的共變項，比如反映之前階段之結果的各共變項。

4. 最近 Arminger（1988）宣稱已有偵測風險率模式是否錯誤的普遍方法。

5. 因此，我們不應依據依賴過程的成果設定樣本選擇標準。例如，我們不應將婚姻視為只存在於曾結婚者的事件來分析。這個原則說明了排除右端限控的案例會產生誤差。

6. 比率依賴共變項（rate-dependent covariates），正如同在此一有關醫藥的例子中，包含了某些案例。在其中可取得該共變項本身在時間 t 的值顯示了在時間 t 之前該變項一直存在的事實。因此，在時間 t，此共變項的

值已知，受條件限制的殘存機率成為（Kalbfleisch & Prentice, 1980）。因此，此共變項不能依照概似函數的一般公式化來處理。包含此類共變項的模式存在著一些計算上的問題。

7. 為了要解決這個問題，Lillard 與 Waite（1990）將兩事件，婚姻破裂與生育間隔的風險率同時模式化。在他們的模式中，生育間隔的風險率直接依賴於婚姻破裂的風險率，而婚姻破裂的風險率依賴於前幾次生產的狀況（後者是一比率依賴共變項）。

8. 其它在先前分析中有加以考量的共變項，因為並非顯著，都排除在目前的範例外，包括父親的教育程度、家庭收入、公立與私立學校的區分，以及工作與不工作的區分。

9. 考慮到在逐步迴歸分析程序中被刪除掉的因素可能為顯著相關，我們也調整 Wald 檢定，因為逐步程序只建立在概似率檢定上。兩種檢定的分析結果並無不同。

表 6-6 原始資料

OBS	DUR	EVT	SEX	GRD	PRT	LAG	MRG	STM
1	41	0	1	2	0	3	99	9
2	8	1	0	4	1	3	99	9
3	41	0	1	3	0	3	99	9
4	4	1	1	4	1	2	99	8
5	47	0	0	1	0	0	99	6
6	44	0	1	2	0	3	99	9
7	39	0	1	1	0	3	99	9
8	4	1	0	5	0	2	33	8
9	21	1	0	1	0	3	99	9
10	41	0	1	4	0	3	99	9
11	3	1	1	4	0	3	47	9
12	3	1	1	1	1	3	99	9
13	20	1	0	4	1	3	99	9
14	41	0	1	2	0	3	99	9
15	3	1	1	3	0	3	99	9
16	18	1	0	1	0	6	99	12
17	40	0	0	2	0	5	99	10
18	12	1	0	2		5	99	10
19	40	0	0	2	0	5	99	10
20	30	1	0	3	0	4	99	10
21	30	1	0	3	0	4	99	10
22	4	1	0	1	0	3	99	8
23	11	1	0	3	0	4	99	9
24	3	1	0	1	0	3	99	9
25	41	0	0	1	0	3	99	9
26	44	0	1	1	0	0	99	6
27	40	0	0	2	0	4	99	10
28	41	0	0	3	3	3	99	9
29	41	0	1	2	0	9	99	9
30	41	0	1	3	0	3	99	9
31	45	0	0	1	0	3	99	9
32	41	0	0	4	0	4	99	9
33	41	0	0	3	3	3	99	9
34	41	0	1	2	0	3	99	9
38	8	1	0	1	0	4	8	10
36	41	0	1	1	0	3	99	9
37	44	0	1	2	0	0	99	6

（續下頁）

38	41	0	0	2	1	3	99	9
39	41	0	0	1	0	3	99	9
40	21	1	1	2	0	3	35	9
41	40	0	0	1	0	4	99	10
42	39	1	1	2	0	4	99	9
43	9	1	1	3	0	4	44	9
44	2	1	1	2	1	40	99	45
45	41	0	1	4	0	3	99	9
46	41	0	0	4	0	9	99	9
47	21	1	1	1	0	3	99	9
48	3	1	1	3	0	3	99	9
49	8	1	1	4	0	3	99	9
50	15	1	1	4	0	3	99	9
51	27	1	0	2	0	3	99	9
53	41	0	1	3	0	3	43	9
54	8	1	1	4	0	4	30	9
55	41	0	0	2	0	4	99	9
56	23	1	1	3	0	1	99	7
57	3	1	1	4	0	3	99	9
58	41	0	1	1	0	3	99	9
59	40	0	1	3	0	4	45	10
60	40	0	1	4	0	4	48	10
61	5	1	1	2	0	4	28	9
62	26	1	1	2	0	3	99	9
63	21	1	1	2	0	9	99	9
64	30	1	1	4	0	4	99	10
65	8	1	1	1	0	3	99	9
66	41	0	1	4	0	3	99	9
67	40	0	1	2	0	4	99	10
68	1	1	1	2	0	0	2	6
69	45	0	1	2	0	4	99	9
70	40	0	1	4	0	4	99	10
71	2	1	1	2	0	4	99	10
72	41	0	1	2	0	3	99	9
73	41	0	1	3	0	3	99	9
74	41	0	0	3	0	3	99	9
75	41	0	1	3	0	3	99	9
76	41	0	0	1	0	3	29	9
77	21	1	1	1	0	3	99	9

（續下頁）

6 用 Cox 法建立的連續時間模式，
Ⅱ：依時共變項的使用及相關議題

（承上頁）

78	41	0	0	2	0	3	99	9
79	40	12	0	5	0	3	99	9
80	41	0	1	1	0	3	99	9
81	41	0	1	2	1	3	99	9
82	41	0	0	1	0	3	99	9
83	41	0	1	3	0	3	99	9
84	41	0	1	3	0	3	99	9
85	6	1	1	4	0	3	8	9
86	44	0	0	1	0	0	99	6
87	6	1	1	1	0	2	99	8
88	0	1	0	3	0	8	99	13
89	2	1	0	2	1	7	99	13
90	32	1	1	2	1	3	99	9
91	5	1	1	2	0	3	99	9
92	44	0	0	1	0	1	99	6
93	32	1	0	4	0	3	99	9
94	41	0	0	3	0	4	99	9
95	41	0	0	1	0	4	99	9
96	40	0	0	1	0	4	99	10
97	41	0	0	2	0	3	99	9
98	41	0	1	2	0	4	99	9
99	7	1	1	1	0	5	18	10
100	21	1	0	2	0	3	99	9
101	39	1	0	3	0	3	99	9
102	41	0	0	1	0	0	99	9
103	42	0	0	1	1	2	99	8
104	41	0	0	4	0	3	99	9
105	42	0	0	1	0	2	99	8
106	7	1	0	2	1	3	6	9
107	42	0	1	1	0	2	99	8
108	5	1	1	5	1	15	99	21
109	41	0	0	1	0	3	99	9
110	41	0	0	1	0	3	99	6
111	41	0	0	2	0	3	99	9
112	9	1	1	3	0	3	99	9
113	41	0	0	3	3	3	99	9
114	44	0	1	2	0	0	99	6
115	2	1	0	5	1	0	99	6
116	15	1	0	3	0	0	99	6

（續下頁）

117	41	0	1	2	0	4	99	9
118	41	0	1	3	0	4	99	9
119	41	0	0	3	0	3	99	9
120	2	1	0	2	0	99	99	39
121	41	0	0	2	0	3	99	9
122	9	1	1	2	1	3	99	9
123	33	1	1	1	0	3	47	9
124	9	1	1	1	0	3	24	9
125	41	0	1	1	0	3	99	9
126	41	0	1	3	0	3	44	9
127	40	0	0	2	0	4	99	10
128	41	0	1	1	0	3	99	9
129	41	0	1	2	0	3	99	9
130	29	1	0	3	0	9	99	9
131	41	0	1	3	0	3	99	9
132	41	0	1	1	0	3	99	9
133	41	0	1	1	0	3	99	9
134	44	0	0	3	0	0	99	6
135	9	1	1	1	1	2	99	8
136	41	0	0	1	0	3	99	9
137	44	1	1	1	0	4	99	10
138	44	0	1	1	0	0	99	6
139	8	1	1	3	0	3	99	9
140	44	0	1	1	0	3	99	9
141	41	0	0	2	0	3	99	9
142	41	0	0	2	0	3	99	9
143	42	0	1	2	0	2	99	8
144	41	0	1	1	0	3	18	9
145	41	0	0	1	0	3	99	9
146	32	0	0	1	0	4	99	10
147	4	1	1	1	0	3	99	21
148	42	0	1	3	0	2	99	8
149	10	1	0	3	0	1	99	7
150	41	0	1	1	0	3	99	9
151	41	0	0	4	0	3	42	9
152	2	1	0	1	1	0	99	6
153	2	1	1	3	1	0	99	6
154	9	1	1	1	0	3	37	9
155	45	1	1	2	0	3	99	9

（續下頁）

6 用 Cox 法建立的連續時間模式，　**217**
Ⅱ：依時共變項的使用及相關議題

156	10	1	1	3	0	3	99	9
157	44	0	1	2	0	0	99	6
158	41	0	1	1	0	3	99	9
159	41	0	1	1	0	3	99	9
160	41	0	1	2	0	3	99	9
161	33	1	1	1	0	3	43	9
162	21	1	1	1	0	3	99	9
163	41	0	1	2	0	3	99	9
164	42	0	0	3	0	2	99	9
165	41	0	0	1	0	3	99	9
166	34	0	1	1	0	3	20	9
167	27	1	1	2	0	3	99	9
168	41	0	0	1	0	2	99	9
169	41	0	1	1	0	3	99	9
170	8	1	1	4	0	3	38	9
171	6	1	1	3	0	2	99	8
172	41	0	1	1	0	3	99	9
173	33	1	0	1	0	3	99	9
174	44	0	1	3	0	0	99	6
175	21	1	0	1	0	3	99	9
176	41	0	1	1	0	3	99	9
177	41	0	1	2	0	3	99	9
178	41	0	0	1	0	3	99	9
179	42	0	0	3	0	2	99	8
180	43	0	0	1	0	1	99	7
181	44	0	0	1	0	0	99	6
182	41	0	1	2	0	3	99	9
183	41	0	0	2	0	3	99	9
184	2	1	1	5	1	0	30	6
185	1	1	0	3	0	43	99	49
186	41	0	0	2	0	3	99	9
187	41	0	1	2	0	3	99	9
188	41	0	1	1	0	3	99	9
189	40	0	0	1	0	4	99	10
190	8	1	0	3	0	15	99	21
191	11	1	1	1	0	3	99	9
192	41	0	0	1	0	3	99	9
193	41	0	0	2	0	3	99	9
194	33	1	1	3	0	3	40	9

（續下頁）

195	41	0	0	3	0	3	99	9
196	42	0	0	1	0	2	99	8
197	41	0	0	1	0	3	99	9
198	20	1	0	3	0	3	99	9
199	41	0	0	1	0	3	99	9
200	41	1	1	2	0	3	99	9
201	42	0	0	2	1	2	99	8
202	41	0	0	2	0	3	99	9
203	29	0	41	1	0	15	99	21
204	41	0	1	2	0	3	99	9
205	41	0	0	2	0	3	99	9
206	27	1	1	3	0	3	99	9
207	17	1	1	2	0	2	99	8
208	41	0	1	3	0	3	99	9
209	14	1	1	4	0	4	99	10
210	33	1	0	4	0	3	99	9
211	36	1	1	2	1	3	99	9
212	41	0	1	2	0	3	99	9
213	31	1	0	1	0	3	99	9
214	9	1	0	1	0	2	99	8
215	44	0	1	2	0	0	99	6
216	24	1	0	1	0	2	99	8
217	2	1	1	3	0	3	99	9
218	6	1	0	2	0	3	99	9
219	9	1	0	3	0	2	99	8
220	41	0	1	2	0	3	99	9
221	41	0	1	2	0	3	99	9
222	41	0	1	3	0	3	99	9
223	4	1	0	4	1	8	99	14
224	21	1	1	2	0	3	99	9
225	44	0	1	2	0	0	99	6
226	41	0	0	3	0	3	99	6
227	33	1	1	1	0	3	99	9
228	41	0	1	1	0	3	99	9
229	41	0	0	2	0	3	99	9
230	41	0	0	1	0	3	99	9
231	3	1	1	4	1	3	99	9
232	36	0	0	5	1	8	99	14
233	40	0	0	4	0	4	99	10

（續下頁）

（承上頁）

234	4	1	0	2	0	4	99	10
235	42	0	1	3	0	2	99	8
236	41	0	1	2	0	3	99	9
237	9	1	1	2	0	3	99	9
238	21	1	0	3	0	3	99	9
239	32	1	1	2	0	3	12	9
240	41	0	1	1	0	3	99	9
241	41	0	1	2	0	3	99	9
242	41	0	1	4	0	3	99	9
243	41	0	0	3	0	3	99	9
244	40	0	0	1	0	4	99	9
245	41	0	1	1	0	3	99	9
246	41	0	1	4	0	3	99	9
247	41	0	1	3	0	3	99	9
248	41	0	1	3	0	3	99	9
249	41	0	0	45	0	3	99	9
250	41	0	1	4	0	3	99	9
251	41	0	0	3	0	3	99	9
252	20	1	0	5	0	3	99	9
253	7	1	1	1	0	3	99	9
254	41	0	1	2	0	3	99	9
255	41	0	1	1	0	3	99	9
256	41	0	1	2	1	3	99	9
257	41	0	1	1	0	3	99	9
258	4	1	0	2	0	3	99	10
259	3	1	1	2	0	3	99	9
260	16	1	1	5	0	3	99	9
261	41	0	1	1	0	3	99	9
262	2	1	0	2	0	3	99	9
263	41	0	0	3	0	3	99	9
264	41	0	1	1	0	3	99	9
265	20	1	1	2	0	2	99	8

7

開始個人研究之前的最後評論

　　這本章裡，模式分析實際現象與事件史分析法中方法學的考量有關。本章主要包括在前面章節中討論過的某些問題的扼要回顧，以及一些未討論過的問題討論。然而，在第六章所討論關於無法觀察到的異質性問題及選樣誤差將不在此重述。

風險期

　　為了分析某一事件的風險率，很明顯地，我們需要知道研究的對象何時面對此事件的風險。的確，對多半的事件史分析法來說，我們都假設我們很清楚進入此風險期的確切時機。但是在某些情況下，真正的風險期可能無法被確定。下面我們將討論事件發生的三種狀況以及其解決的辦法。

事件有合理的前置事件

在社會科學研究裡，界定風險期開始時間的主要方法有二。第一種用在那些事件的風險期是發生在研究對象進入一特別的生命階段。例如，離婚的風險期在人們結婚時即開始。同樣地，退學的風險期開始於人們入學之時。但是，至於其他類的事件，我們通常不知道風險期在何時開始。習慣上，我們通常假設所有的對象遇到的風險期在特定的年／月／日期開始。通常以這種假設分析的事件有初婚、同居、拘補及禁藥。

對於那些不可得知風險期之始的事件來說，那些對象在同一年／月／日期進入風險期也許過於草率。婚前懷孕即是一個很好的例子，這是因為真正的風險期從來不在有生殖能力或第一次婚前性行為之前開始。所以，假若我們知道第一次婚前性行為的相關資料，我們最好將分析分成兩個步驟。第一步，藉著假設在同一年／月／日進入風險期，我們即可以模式分析出有第一次婚前性行為的風險率。第二步，藉著假設風險期在有第一次婚前性行為的確定日期開始，我們可以模式分析婚前懷孕的風險率。

事實上，Hogan 及 Kitagawa（1985）已經用了這兩個步驟分析婚前懷孕。這種兩階段分析法的優點在於它可以明確說明每一個風險期，然後提供我們關於最後事件之發生情形更豐富的訊息。某些共變項，例如少年犯罪，可能會影響第一個事件（婚前性行為），但不是第二個事件（婚前懷孕）。其他共變項，例如使用避孕藥的知識，可

能只會影響婚前懷孕。

　　一般在以下兩個條件下，我們建議用這種兩階段的分析法。第一，若在標的事件的風險為零之前，我們有合理的前置事件存在。第二，對每一研究對象來說，我們知道此合理的前置事件發生的時機。

已知每一觀察時間單位內風險期之平均長度的事件

　　具體的例子是我們要分析駕駛們發生車禍的情形。嚴格來講，人們只有在開車時才面臨車禍的風險。但是，研究者可能不知每一風險期開始及結束的時間，但可能有每週開車的平均時數的資料。這資料接近於每一觀察時間單位內真正風險的平均量。所以，我們可以假設，當其他事情均相同，兩倍的開車時間產生兩倍的風險率。或更一般的說，風險率在某一比例上決定於每星期開車的時數。這樣我們即可將那些從未開車者排除於分析之外，而將每週的開車時數視為對其餘的人來說，在比例風險分析模式中的一個共變項。

　　這裡我們需要特別注意會影響風險率的因素，這些因素不僅包括每週開車時數，也包括累積的開車時數－也就是開車經驗。若我們用真正的風險期——開車時間——去界定風險率的底線，開車經驗的影響效果便單純的代表時段依賴。然而，當單位時間內的平均開車時數當成共變項時，修正的分析模式必須分別解釋累積的開車時數的影響效果，或是開車經驗之替代測量工具的影響效果。

截切時段依賴的事件

　　一般來說，事件歷史分析法最適合用在當事件進入風險期的時機，以及事件發生的時機可以被精確測量的情況下。因此，態度或心理變化之類的分析通常不適用於事件歷史分析法，因為我們沒有時段資料可供分析。第二個問題是，事件發生的時間可以藉著界定此事件在某一先決的時間點的變化狀態－如迴溯資料分析來解決。然而，我們總是很難決定這些變項當時之狀態開始的時間，所以接下來面臨的是左端限控的問題。如第三章所討論，我常可以假定時段依賴（duration dependence）是在超出某一固定期間之外，任何時段都不會改變時間依賴之程度的情況下被截切的。有了這個假設後，我們可以用態度/心理狀態為分析模式中的依變項，適切地解釋依變項的時差效果，以及分析狀態之間轉換之機會值的決定因子。

有限次序（Temporal order）

　　有限次序是在事件歷史分析中作因果推論的必要條件。以時差為測量因時變異的共變項，我們可以在共變項的狀態與事件之發生兩者間建立有限的次序。然而，有限次序是無法用來建立因果關係的。在依比率而變異的共變項中，第六章的討論，共變過程（covariate process）受到

依賴過程（dependent process）的風險率的直接影響。所以，反向的因果關係是存在的。在某些情況下，包括可預期的社會化過程（在第六章裡），依賴時間變化的共變項的依變比率，只有在事件發生之前的特定期間內存在。如此，我便可用共變項的較大的時差解決這個問題（例子請見 Yamaguchi & Kandel, 1985b）。

進入風險期的時機與共變狀態轉換的時機

　　事件歷史分析法的另一重點是，事件發生時機為預測其他事件之自變項。特別是進入一個人生階段的時機（這個進入代表一個事件），可能會影響離開此階段的風險率（指另一個事件）。結婚年齡對離婚之發生的影響即是一個例子。太早結婚與高離婚率有眾人周知的關連（Bumpass & Sweet, 1972；Fergusson et al, 1984；Morgan & Rindfuss, 1985；Teachman, 1982）。

　　在第六章也已提過的一個稍微不同的例子是，大學入學與高中畢業之間的時差，對自大學退學的風險率的影響。時差愈大，則可以預測的退學率也愈高。在這種情況下，不是這兩事件之間（也就是高中畢業與大學入學）絕對的時機，而是相對的時機或空間影響著第三個事件退學的發生。第二個事件代表進入第三個事件之風險期的開始。

一般來說，若有一規範性的間隔存在於前兩個事件之間，離開此間隔會影響第三個事件的發生，這通常代表一個負面的結果。另一個例子是第一次就業之前的失業期長度對未來失業風險率之影響。第一次失業代表著進入勞動力市場（第一個事件）與第一次就業（第二個事件）之間的時差。此時差愈大表示另一個失業（第三個事件）的風險率愈高（Heckman & Borjas, 1980）。

　　不同層面的時機也可能影響風險率，也就是共變項狀態改變的時機。例如，在第二章，我們得知與那些在較年輕時，即開始其第一次就業的人比較，較老找到第一份工作的人，他們的受雇對其結婚率有較大的影響。所以，就業的時機影響著結婚率。例如，懷孕間隔或出生間隔愈小，離婚率愈高（LaRossa 及 LaRossa, 1981；Rossi, 1968）。

　　總之，進入事件風險期的絕對時機或相對時機（也就是間隔），以及共變項狀態轉換的時機與間隔可能影響風險率。用實質假設來探究此時機與間隔是值得的。

時段依賴（Duration Dependence）及共變時段效果（Covariate Duration effects）

在事件時機的例子裡，我們可以區別兩種不同的時段依賴（duration dependence）。第一個是依賴過程（dependent process）中某一風險狀態維持的時間之效果，也就是這裡所指的時段依賴。另一個是共變狀態維持的時期。我們所指的共變項對風險率之影響是爲共變時段效果。

第一種時段依賴的例子在第四章已有介紹。若受雇職員在一公司待愈久，平均來講，他/她們較不會離職。這種對就業穩定的時間效益，可能因公司特定的人力資本因就業時間而增加已在許多研究中描述過（例如，DiPrete, 1981；Kandel & Yamaguchi, 1987；Sørensen & Tuma, 1981；Tuma, 1976）。另一個期間依賴的例子可以在年齡對組織解散率之影響中找到（Carroll, 1985；Freeman, Carroll & Hannan, 1983）。公司經營時間愈久愈不會解散關門。婚姻對離婚率負面的時段影響效果也存在（例如，Morgan & Rindfuss, 1985）。如第六章所討論，負的時段依賴可能受到未被發現到的母體異質性深刻的影響而被高估了。

一個共變時段效果的例子是親職角色，包括孩子出生前懷孕的時間對已婚婦女離開義務性工作的比率之影響。親職角色的期間代表著第一個孩子的年齡。

如本書舉的許多例子，時段依賴（duration dependence）的簡單母數特徵不可能得到一個良好適合的社會科

學資料。同樣的情形將會同時發生在共變時段效應上。所以，不嚴格指定其函數公式，而是運用一個階段式函數來分析此種效果是值得一試的。

確認的問題

依變項或共變項之時機及持續之時段效應不可以被過分強調。但是，確認的問題會在研究者將時機及時段之影響效果與時間影響效果同時考慮時產生。

例如，我們不易估計下列三種風險率的並存效應（simultaneous effects）——（1）年齡，這個依時間而改變的共變項；（2）進入風險期的年齡，以及（2）風險期的長短。同樣的，我也不易估計（1）年齡，（2）共變項進入某一特定狀態的年齡，以及（3）共變狀態的時間並存效應。以上例子的問題是眾所周知的同時估計年齡，年齡群，及共變效應的問題。了然於其中任兩個效應即可決定第三個情況下，除非研究人員設定一些假設來避免完全函數的互賴關係，這三種效應是無法同時估計的。用來處理以上問題的技術超出本書的討論範圍〔關於年齡、時段（period）、世代（cohort）效應的分析，見 Glenn, 1977；Mason & Fienberg, 1985〕。雖然最容易的解決辦法將不會是最好的辦法，它可以在考慮理論的適切度之下除去三種效應之一。

時段依賴（Duration Dependence）與共變狀態時段（Duration of Covariate States）的互動效應

　　不僅風險期的長短與共變狀態時段很重要，他們與其他決定風險率的共變項之互動效應也有重要的理論意涵。共變項與風險期之間的互動效應需利用非比例型風險模式。到現在為止，已有一些例子是用這類的互動效應。在第四章裡，就業期間與公司規模之互動對公司間工作流動率的影響已有假設與驗證。同樣的，年齡（或未婚的期間）與就業之互動對結婚率之影響也在第二章假設並驗證。Morgan 及 Rindfuss（1985）發現婚姻期間與接下來的概念，出生及結婚之互動效應對離婚率有明顯的影響。

　　共變狀態的時段與另一共變項之互動效應也可在許多研究中發現。與妻子或丈夫的家庭住在一起，會減低已婚婦女離開義務性工作，因為公婆或父母能照顧小孩。這將產生同居與親職角色對已婚婦女離職率有互動的影響效果。

　　一般來說，對依變過程（dependence process）或共變過程（covariate process）來說，共變項與時間的互動效應有很重要的理論意涵。研究者將發現了解、建構及驗證這些互動效應的假設是很有效益的。

多面向的時間效應

在社會科學研究裡討論的事件風險率決定於多面向的時間。具多面向時間效應的事件，其例子在第三及第六章的分析說明中，也就是分析個人能力變化的時期（period）及時段（duration）效應，以及在退學分析中的時段及月週期效應。Tuma 及 Hannan（1984, chap7）討論了不同時間面向的使用，包括年齡、歷史、風險期、以及經驗（例如：工作異動分析中，累積的勞動力參與視為一重複的事件）。

有兩個建議是值得提出的。第一，無論是時段、年齡或經驗，時間的影響效果不會是直線或曲線型式的。另一方面，這並不隱含著所有的時間效應都是以複雜的函數表示，且總是需要一個非母數的控制或一個階段函數概算法。例如，在第六章所討論的月週期效應是一特殊但簡單的時期影響效果（period effect）。同樣的，在第三章所用的是屬截切的時段依賴（truncated duratuon dependence）的時差效果，則是一特殊且簡單的非線性時段的影響效果。

第二，如果我們可以假設分析模式中對數風險率的線性影響效果是超過連續時間的一個面向，我們可以做簡化的分析，也就是用不受時段影響的共變項或與時間無關的共變項，來取代一些連續時間的共變項。例如，第一次離婚之後的再婚分析中，我們可以假設個人年齡及離婚期間對對數風險率的線性影響效果為如下的公式。

$$h_i(t) = \exp[a + \sum_j b_j X_j + c_1 D_i(t) + c_2 A_i(t)] \qquad (7.1)$$

其中 $A_i(t)$ 及 $D_i(t)$ 分別是個人的年齡及離婚期間。然後這個分析模式便等於下列公式。

$$h_i(t) = \exp[a + \sum_j b_j x_j + d_1 D_i(t) + d_2 A_i] \qquad (7.2)$$

其中 A_i 是離婚時的年齡且不受時間改變。在這裡，$d_1 = c_1 + c_2$ 及 $d_2 = c_2$ 對估計兩模式母數都是真確的。所以，從估算 d_1 及 d_2 以及它們變異量－共變量的矩陣，我們便可以得知 c_1 及 c_2 的母數估計值及其標準差。

同樣地，Tuma 及 Hannan（1984, 217-218 頁），在工作異動這種重複事件的分析中討論到共變項的應用。這共變項的值會因不同時間單位而改變－也就是每一就業時段開始的年齡及經驗（亦即累積的工作時間）－－而不是因年齡及經驗的時間共變項的改變而改變。再者，母數的估計值需要透過工作時間、年齡及經驗的時間變異效果來表示[1]。

而公式（7.1）優於公式（7.2）。第一，分析的模式可以用只允許一個時間連續的解釋變項的電腦程式。第二，分析模式在計算要求上須較少成本的。

我們不應該機械性的同時利用再次母參數估計的這種技巧上的優點。假定每一個時間變項對對數風險率具有線性影響的假設是非常強有力的，研究者應該最先檢驗在分

析模式中每一個時間變項線性影響效果（linear effect）的
適合度。

競爭事件

　　所謂的競爭事件指的是在同一風險期內發生的不同事
件。典型的例子包括義務性工作相對於非義務性工作之離
職情形；失業相對於換工作；以及分居相對於結婚。在每
一個例子裏，事件的發生即表示另一事件風險期的結束。
在其他例子來說，A 事件的風險期可能即使 B 事件發生了
也會繼續下去；而 B 事件的風險期會被 A 事件的發生而中
斷。這些相關的例子包括公司內相對於公司之間工作異
動；州際遷移相對於州內的遷移；以及結婚相對於婚前同
居。在這裡，經歷了第二個事件者仍面臨第一個事件發生
的風險。但是，一旦經歷了第一個事件的人就不會面臨第
二個事件發生的風險。
　　技術上，在只有一點點方法學上的困難度下，我們有
兩種可以分析競爭事件的理想情況。第一個理想情況稱為
第一類（*Type I*）情況，也就是多重的競爭事件之中，一個
事件是可以分成二步驟發生的。第一個步驟的特徵是多重
事件中的任一個事件的發生。第二個步驟的特性是在一些
事件已發生的情況下，某一特定事件的發生。這裡我們假
設多重事件發生的第一個步驟是相同的，而事件之間的競

爭只有在第二個步驟中發生。正式的說，雖然這兩個步驟可能有共同的共變項，我們必須維持一個條件，那就是這兩個步驟不可以有共同的母數。由於一個事件的發生同時決定了特定事件的發生，這兩個步驟多半反應了一個概念而不是經驗的分類。這裡有一個可以解釋這個分類的例子－－工作的升遷種類。第一個步驟是升遷的發生，第二個步驟則決定此升遷的類型。另一個例子是婚姻類型，例如同種族以及異族的通婚。第一個步驟即是婚姻事件的發生，第二個步驟則是決定此婚姻事件的類型。

在某些情況下，一個合理的前置事件因為有所有的競爭事件而存在，而這些競爭事件事實上分別代表著前置事件的發生結果。關於這類情況的例子，有三種婚前懷孕的結果：婚前小孩出生；婚後小孩才出生（也就是小孩出生之前結婚）；以及墮胎。第一個步驟即是婚前懷孕的發生。第二個步驟則是決定此事件發生的因素。

無論在那一種情況下，我們都可利用這種兩步驟的分析方法。在第一步，風險率模式是用在一般事件的發生情況，也就是包括所有競爭事件的事件。在第二個步驟，我們可以用對數迴歸（Logit）或多類別的對數迴歸（Multinomial logit）去分析在某一般事件發生之情況下，一個特定競爭事件發生的情形。Yamaguchi 及 Kandel（1987）利用兩階段分析法分析婚前懷孕及其結果。

此兩階段分析法很重要的延伸運用在最近已被 Petersen（1988）所介紹。Petersen 將一個依賴過程（dependent process）視為連續狀態的空間。當一事件發生時，它的新

狀態便被定為在一連續狀態之空間裡的一個數值。若某人在同一公司裡擁有相同的職位，或是他／她沒改變職位但換到別的公司去，則他／她擁有此一社經地位的時期將繼續。若某人不論是在同一或不同公司更換其職位，則其社經地位便改變了。這裡，新的狀態即是新職位的社經地位。

我們假設在兩步驟之間的母數是互不相關的。這裡，第一個步驟決定現職的期間，而第二個步驟決定改變了職位之後新的社經地位。我們可以用一個風險率模式分析第一個步驟，線性迴歸分析第二個步驟。在第二個步驟，新職位的社經地位即是依變項，舊職位的社經地位則是解釋變項之中的一個。其他的解釋變項包括代表先前工作之歷史，如工作期間與個人特質的變項。

在第二個理想情況，我稱之為第二類（*Type II*）情況裡，多重事件中的每一個事件有一決定其事件發生的一組母數。雖然每一個事件可能牽涉到相同的共變項。在多數情形下，我們可能必須對某一有競爭事件在特定事件中作分析的假設。倘若非標的事件發生，且使人們離開標的事件的風險期，則這些事件的發生被視為待限控的觀察個案。

然而，若多重事件的風險率有共同的母數，而去假設非標的事件之發生為限控的個案也許不夠適切。我們可以在某一事件的風險率直接影響到另一事件的風險率中找到母數互依的例子。上一事件的所有母數其實就是下一事件的母數之一部分。

另一個母數互依的例子，發生在當多重事件反映 *Type I* 及 *Type II* 情況的特徵。換句話說，多重事件的發生，一部分決定於一個兩步驟的過程，也一部分被其他事件獨立決定。依離職理由分類的義務工作的變換，可以是競爭事件的一個例子。因為一些人可能有多重的理由，例如工作不滿意及家庭責任，共同引起工作的變換。根據一調查特定的理由，可能牽涉到回答決定的過程（也就是 *Type I* 情況）。在其他人中，不同的理由可能分別的引起工作的變動（*Type II* 情況）。若有母數互賴，我們必須建立有某一特定結果及共同母參數的風險率，並估算多重且同時出現的事件之所有母數。

間接影響效果

　　事件歷史分析法中已明顯呈現出某些生命事件對其他生命事件的間接影響的這個新概念。在傳統的概念裡，若變項 A 影響變項 B，且變項 B 影響變項 C，則變項 A 對變項 C 有間接的影響。這種間接的影響情形也應用在事件歷史分析法裡。這一型的間接影響關係發生在，當某一變項影響發生一事件之風險期的長度，然後影響發生事件之生命史機率。

　　例如，Yamaguchi 及 Kandel（1985a）發現控制了教育及其他決定結婚時機的因素之後，吸大麻煙容易引起晚

婚。吸大麻煙對婚前同居的發生有間接的影響，那是因為吸大麻這個行為延遲了婚前同居之風險期的中止時間。也就是對吸大麻的人來說，婚前同居較容易發生，因為吸大麻的人維持較久的單身生活。同樣地，吸大麻煙－這個會增加第一次婚前性行為發生率的行為－藉由加速進入婚前懷孕之風險期而間接的影響婚前懷孕的發生。

一般而言，藉著加速或延遲進入或離開發生某一事件之風險期，一個變項會間接影響一個事件的發生。雖然這個變項可能不直接影響發生率，它可藉由改變此事件之風險期的長度而間接影響此事件的發生。

這類的間接影響關係，改變了進入或離開高或低風險的時期。假設有一會影響某一依賴事件（dependent event）發生率之時間共變項，那麼其他影響進入或離開此時間共變項狀態的其他變數，對發生率會有間接的影響。例如，父親有高的職業地位會加長小孩接受全天候教育的時間，也就是結婚的低風險期。所以，加強低風險的時間（也就是全天候教育的時期），父親的地位間接的影響結婚的發生率。

另一個間接影響關係的例子是改變高或低風險期的長度，如禁藥之開始使用。某些時間變項如：單身身份及擁有使用禁物的朋友，將增加開始使用禁藥之機率。藉著加長單身的時間，以及在一個易受同儕影響的社會情境裡維持年輕；高中以後的教育會加長開始用禁藥的高風險的時間。所以，雖然計劃進大學的學生比其他學生在高中開始使用禁藥的比例低，他們在後來的幾年會趕上而使用禁藥

（Backman, O'Malley & Johnston, 1984）。所以，高中以後的教育對開始使用禁藥的風險率有間接的影響。

經由事件歷史分析，間接影響－－這個由影響進入或離開風險期，或進入或離開高或低風險期來操作的過程－－的重要已很明顯。

結語

Allison（1982）提供了對競爭事件的討論。更正式且深入的討論則可在 Kalbfleisch 及 Prentice（1980, chap.7），Cox 及 Oakes（1984, chap.9），以及 Heckman 及 Honore（1989）的書中找到。欲更深入了解多層面之時間依賴，請參考 Tuma 及 Hannan（1984, chap.7）的書。至於連續狀態空間方面的兩步驟分析法，請參考 Petersen（1988）。又請參照 Yamaguchi（1987a）有關本章中所討論的相關問題。

註釋

1. 第一個處理三個時間變項的模式是

$$h_i(t) = exp[a + \sum_j b_j x_j + c_1 D_i(t) + c_2 A_i(t) + c_3 E_i(t)]$$

其中，$D_i(t)$，$A_i(t)$，及 $E_i(t)$ 分別是 i 的工作期間、年齡、及經驗（累積的工作時間）。第二個模式是

$$h_i(t) = exp[a + \sum_j b_j x_j + d_1 D_i(t) + d_2 A_i(n) + d_3 E_i(n)]$$

其中，$A_i(n)$ 及 $E_i(n)$ 是 i 在第 nth 個時段上的年齡及經驗。然後 $d_1 = c_1 + c_2 + c_3$，$d_2 = c_2$，$d_3 = c_3$。

參考書目

Agresti, A. (1990). *Categorical data analysis*. New York: John Wiley.

Akaike, H. (1974). A new look at the statistical model identification. *IEEE Transactions on Automatic Control, AC-19*(6), 716-723.

Allison, P. D. (1982). Discrete-time methods for the analysis of event-histories. In S. Leinhardt (Ed.), *Sociological methodology 1982* (pp. 61-98). San Francisco: Jossey-Bass.

Allison, P. D. (1984). *Event history analysis*. Beverly Hills, CA: Sage.

Allison, P. D. (1987). Introducing a disturbance into logit and probit regression models. *Sociological Methods & Research, 15*, 355-374.

Amemiya, T., & Nold, F. (1975). A modified logit model. *Review of Economics and Statistics, 57*, 255-257.

Andersen, P. K., & Gill, R. D. (1982). Cox's regression model for counting processes: A large sample study. *Annals of Statistics, 10*, 1100-1120.

Arminger, G. (1984). Analysis of event histories with generalized linear models. In A. Diekman & P. Mitter (Eds.), *Stochastic modeling of social processes* (pp. 245-282). Orlando, FL: Academic Press.

Arminger, G. (1988). Testing misspecification in parametric rate models. In K. U. Meyer & N. B. Tuma (Eds.), *Applications of event history analysis in life course research* (pp. 679-699). Madison: University of Wisconsin Press.

Backman, J. D., O'Malley, P. M., & Johnston, L. D. (1984). Drug use among young adults: The impacts of role status and social environment. *Journal of Personality and Social Psychology, 47*, 629-645.

Bartholomew, D. J. (1982). *Stochastic models for social processes* (3rd ed.). New York: John Wiley.

Blau, P. M., & Duncan, O. D. (1967). *The American occupational structure*. New York: John Wiley.

Blossfeld, H. P., & Hamerle, A. (1989). Using Cox models to study multiepisode processes. *Sociological Methods & Research, 17*, 432-448.

Blossfeld, H. P., Hamerle, A., & Mayer, K. U. (1989). *Event history analysis*. Hillsdale, NJ: Lawrence Erlbaum.

Brown, C. C. (1975). On the use of indicator variables for studying the time dependence of parameters in a response-time model. *Biometrics, 31*, 863-872.

Bumpass, L., & Sweet, J. (1972). Differentials in marital instability: 1970. *American Sociological Review, 37*, 754-766.

Bye, B. V., & Riley, G. F. (1989). Model estimation when observations are not independent. *Sociological Methods & Research, 17*, 353-375.

Carroll, G. R. (1985). Concentration and specification: Dynamics of niche width in populations of organizations. *American Journal of Sociology, 90*, 1262-1283.

Carroll, G. R., & Mayer, K. U. (1986). Job-shifts patterns in the Federal Republic of Germany: The effects of social class, industrial sector, and organizational size. *American Sociological Review, 51*, 323-341.

Duncan, O. D. (1985a). New light on the 16-fold table. *American Journal of Sociology,* *91,* 88-128.

Duncan, O. D. (1985b). Some models of response uncertainty for panel analysis. *Social Science Research, 14,* 126-141.

Efron, B. (1977). The efficiency of Cox's likelihood function for censored data. *Journal of the American Statistical Association, 72,* 557-565.

Farewell, V. T., & Prentice, R. L. (1980). The approximation of partial likelihood with emphasis on case-control studies. *Biometrics, 67,* 273-278.

Featherman, D. L., & Hauser, R. M. (1978). *Opportunity and change.* New York: Academic Press.

Fergusson, D. M., Horwood, J. T., & Shannon, F. T. (1984). A proportional hazards model of family breakdown. *Journal of Marriage and the Family, 47,* 539-549.

Fienberg, S. (1980). *The analysis of cross-classified categorical data* (2nd ed.). Cambridge: MIT Press.

Flinn, C. J., & Heckman, J. J. (1982). New methods for analyzing individual event histories. In S. Leinhardt (Ed.), *Sociological methodology 1982* (pp. 99-140). San Francisco: Jossey-Bass.

Freeman, J., Carroll, G. L., & Hannan, M. T. (1983). The liability of newness: Age dependence in organizational death rates. *American Sociological Review, 48,* 692-710.

Glenn, N. D. (1977). *Cohort analysis.* Beverly Hills, CA: Sage.

Goodman, L. A. (1979). Simple models for the analysis of association in class-classifications having ordered categories. *Journal of the American Statistical Association, 76,* 320-334.

Grusky, D. B. (1983). Industrialization and the status attainment process: The thesis of industrialism reconsidered. *American Sociological Review, 48,* 494-506.

Haberman, S. J. (1977). Log-linear models and frequency tables with small expected cell counts. *Annals of Statistics, 5,* 1148-1169.

Haberman, S. J. (1978). *Analysis of qualitative data: Vol. 1. Introductory topics.* New York: Academic Press.

Heckman, J. J. (1981). Statistical models for discrete panel data. In C. F. Manski & D. McFadden (Eds.), *Structural analysis of discrete data with econometric applications* (pp. 114-178). Cambridge: MIT Press.

Heckman, J. J., & Borjas, G. (1980). Does unemployment cause future unemployment? Definitions, questions, and answers from a continuous model of heterogeneity and state dependence. *Econometrica, 47,* 247-283.

Heckman, J. J., & Honore, B. E. (1989). The identifiability of the competing risks model. *Biometrika, 76,* 525-530.

Heckman, J. J., & Singer, B. (1982). Population heterogeneity in demographic models. In K. C. Land & A. Rogers (Eds.), *Multidimensional mathematical demography* (pp. 567-598). New York: Academic Press.

Heckman, J. J., & Singer, B. (1984). A method for minimizing the impact of distributional assumptions in econometric models for duration data. *Econometrica, 52,* 271-320.

Heckman, J. J., & Walker, J. R. (1987). Using goodness of fit and other criteria to choose among competing duration models: A case of study of Hutterite data. In C. C. Clogg (Ed.), *Sociological methodology 1987* (pp. 247-307). Washington, DC: American Sociological Association.

Hogan, D. P. (1978). The variable order of events in the life course. *American Sociological Review, 43,* 573-586.

事件史分析

Hogan, D. P. (1981). *Transitions and social change: The early lives of American men.* New York: Academic Press.

Hogan, D. P., & Kertzer, D. I. (1986). Migration patterns during Italian urbanization: 1865-1921. *Demography, 22,* 309-352.

Hogan, D. P., & Kitagawa, E. M. (1985). The impact social status, family structure, and neighborhood on the fertility of black adolescents. *American Journal of Sociology, 90,* 825-855.

Holford, T. R. (1980). The analysis of rates and survivorship using log-linear models. *Biometrics, 65,* 159-165.

Hout, M. (1984). Status, autonomy, and training in occupational mobility. *American Journal of Sociology, 89,* 1379-1409.

Kalbfleisch, J. D., & Prentice, R. L. (1980). *The statistical analysis of failure time data.* New York: John Wiley.

Kandel, D. B., Shaffran, C., & Yamaguchi, K. (1985). *Life Event History Analysis Program* (PFSU Document No. 13). Unpublished manuscript, Columbia University, School of Public Health.

Kandel, D. B., & Yamaguchi, K. (1987). Job mobility and drug use: An event history analysis. *American Journal of Sociology, 92,* 836-878.

Koch, G. G., Johnson, E. D., & Tolly, H. D. (1972). A linear model approach to the analysis of survival and extent of disease in multidimensional contingency tables. *Journal of the American Statistical Association, 67,* 783-796.

Koike, K. (1983). Internal labor markets: Workers in large firms. In T. Shirai (Ed.), *Contemporary industrial relations in Japan* (pp. 29-62). Madison: University of Wisconsin Press.

Lachman, M. E. (1985). Personal efficacy in middle and old age: Differential and normative patterns of change. In G. L. Elder (Ed.), *Life course dynamics* (pp. 188-216). Ithaca, NY: Cornell University Press.

Laird, N., & Olivier, D. (1981). Covariance analysis of censored survival data using log-linear analysis techniques. *Journal of the American Statistical Association, 76,* 231-240.

LaRossa, R., & LaRossa, M. (1981). *Transition to parenthood: How infants change families.* Beverly Hills, CA: Sage.

Lawless, J. F. (1982). *Statistical models and methods for lifetime data.* New York: John Wiley.

Lehrer, E. (1984). The impact of child mortality on spacing by parity: A Cox-regression model. *Demography, 21,* 323-337.

Liang, K., & Zeger, S. L. (1986). Longitudinal data analysis using generalized linear models. *Biometrika, 73,* 13-22.

Liang, K., & Zeger, S. L. (1989). A class of logistic regression models for multivariate binary time series. *Journal of the American Statistical Association, 84,* 447-451.

Lillard, L. A., & Waite, L. J. (1990). *A joint model of childbearing and marital disruption.* Paper presented at the annual meeting of the American Sociological Association, Washington, DC.

Little, R. J. A., & Rubin, D. B. (1987). *Statistical analysis with missing data.* New York: John Wiley.

Liu, P. Y., & Crowley, J. (1978). *Large sample theory for the MLE based on Cox's regression model for survival data* (Technical Report No. 1, Biostatistics). Madison: University of Wisconsin, Wisconsin Clinical Career Center.

Mare, R. D., Winship, C., & Kubitschek, W. N. (1984). The transition from youth to adult: Understanding the age pattern of employment. *American Journal of Sociology, 90*, 326-358.

Marini, M. M. (1984a). Age and sequencing norms in the transition to adulthood. *Social Forces, 63*, 229-244.

Marini, M. M. (1984b). The order of events in the transition to adulthood. *Sociology of Education, 57*, 63-83.

Mason, W. M., & Fienberg, S. E. (Eds.). (1985). *Cohort analysis in social research.* New York: Springer-Verlag.

Massey, D. S. (1987). Understanding Mexican migration to the United States. *American Journal of Sociology, 92*, 1332-1403.

McCullagh, P., & Nelder, J. A. (1989). *Generalized linear models* (2nd ed.). New York: Chapman & Hill.

Michael, R. T., & Tuma, N. B. (1985). Entry into marriage and parenthood by young men and women. *Demography, 22*, 309-352.

Morgan, J. N., Dickinson, J., Dickinson, K., Benus, J., & Duncan, G. J. (1974). *Five thousand American families: Patterns of economic progress* (Vol. 1). Ann Arbor: Institute for Social Research.

Morgan, S. P., & Rindfuss, R. R. (1985). Marital disruption: Structural and temporal dimensions. *American Journal of Sociology, 90*, 1055-1077.

Namboodiri, K., & Suchindran, C. M. (1987). *Life table techniques and their applications.* New York: Academic Press.

Oakes, D. (1977). The asymptotic information in censored data. *Biometrika, 64*, 441-448.

Petersen, T. (1988). Analyzing change over time in a continuous dependent variable: Specification and estimation of continuous state space hazard rate models. In C. C. Clogg (Ed.), *Sociological methodology 1988* (pp. 137-164). Washington, DC: American Sociological Association.

Petersen, T. (1991). Time-aggregation bias in continuous time hazard rate models. In P. M. Marsden (Ed.), *Sociological methodology 1991.* Oxford: Basil Blackwell.

Prentice, R. L., & Farewell, V. T. (1984). Relative risk and odds ratio regression. *Annual Review of Public Health, 7*, 35-58.

Prentice, R. L., & Gloeckler, L. A. (1978). Regression analysis of grouped survival data with application to breast cancer. *Biometrics, 34*, 57-67.

Prentice, R. L., & Self, G. S. (1983). Asymptotic distribution theory for Cox-type regression models with general relative risk form. *Annals of Statistics, 11*, 804-813.

Preston, D. L., & Clarkson, D. B. (1983). SURVREG: A program for the interactive analysis of survival regression models. *American Statistician, 37*, 174.

Raftery, A. E. (1986). Choosing models for cross-classifications. *American Journal of Sociology, 51*, 145-146.

Rao, C. R. (1973). *Linear statistical inference and its applications* (2nd ed.). New York: John Wiley.

Riley, M. W., Johnson, M. E., & Fones A. (Eds.). (1972). *Aging and society: A sociology of age stratification* (Vol. 3). New York: Russell Sage Foundation.

Rossi, A. (1968). Transition to parenthood. *Journal of Marriage and the Family, 30*, 26-39.

Sakamoto, Y., Ishiguro, M., & Kitagawa, G. (1986). *Akaike information criterion statistics.* Boston: D. Reidel.

Schluchter, M. D., & Jackson, K. L. (1989). Log-linear analysis of censored survival data with partially observed covariates. *Journal of the American Statistical Association, 84,* 42-52.

Schwarz, G. (1978). Estimating the dimension of a model. *Annals of Statistics, 6,* 461-464.

Sørensen, A., & Tuma, N. B. (1981). Labor market structures and job mobility. In D. Treiman & R. V. Robinson (Eds.), *Research in social stratification and mobility* (Vol. 1, pp. 67-94). New York: Academic Press.

Sumiya, M. (1974a). Nihonkeki roshi kankeiron no saikentou: I. Nenkousei no kokusai hikaku [Japanese labor-management relations reviewed: Part I. An international comparison of seniority-wage system]. *Nihon Rodo Kyokai Zasshi* [Journal of the Japanese Labor Association], *194.*

Sumiya, M. (1974b). Nihonkeki roshi kankeiron no saikentou: II. Nenkousei no ronri o megutte [Japanese labor-management relations reviewed: Part II. A discussion on the *nenko* system]. *Nihon Rodo Kyokai Zasshi* [Journal of the Japanese Labor Association], *194.*

Taira, K. (1962). Characteristics of Japanese labor markets. *Economic Development and Cultural Change, 10,* 150-168.

Teachman, J. D. (1982). Methodological issues in the analysis of family formation and dissolution. *Journal of Marriage and the Family, 44,* 1037-1053.

Teachman, J. D., & Heckert, D. A. (1985). The declining significance of first-birth timing. *Demography, 22,* 185-198.

Teachman, J. D., & Schollaert, P. T. (1989). Gender of children and birth timing. *Demography, 26,* 411-423.

Tominaga, K. (1979). *Nohon no kaiso kouzou* [The structure of stratification in Japan]. Tokyo: University of Tokyo Press.

Trussell, J., & Richards, T. (1985). Correcting unmeasured heterogeneity in hazard models using the Heckman-Singer procedure. In N. B. Tuma (Ed.), *Sociological methodology 1985* (pp. 242-276). San Francisco: Jossey-Bass.

Tsiatis, A. A. (1981). A large sample study of Cox's regression model. *Annals of Statistics, 9,* 93-108.

Tuma, N. B. (1976). Rewards, resources and the rate of mobility: A nonstationary multivariate stochastic model. *American Sociological Review, 41,* 338-360.

Tuma, N. B. (1979). *Invoking RATE.* Unpublished program manual.

Tuma, N. B. (1985). Effects of labor market structure on job-shift patterns. In J. J. Heckman & B. Singer (Eds.), *Longitudinal analysis of labor market data* (pp. 327-365). Cambridge: Cambridge University Press. (Original work published 1978)

Tuma, N. B., & Hannan, M. T. (1979). Approaches to the censoring problem in analysis of event histories. In K. F. Schuessler (Ed.), *Sociological methodology 1979* (pp. 209-240). San Francisco: Jossey-Bass.

Tuma, N. B., & Hannan, M. T. (1984). *Social dynamics.* New York: Academic Press.

Wong, W. H. (1986). Theory of partial likelihood. *Annals of Statistics, 14,* 88-123.

Wu, L. L. (1989). Issues in smoothing empirical hazard rates. In C. C. Clogg (Ed.), *Sociological methodology 1989* (pp. 127-159). Oxford: Basil Blackwell.

Wu, L. L., & Tuma, N. B. (1990). Local hazard models. In C. C. Clogg (Ed.), *Sociological methodology 1990* (pp. 141-180). Oxford: Basil Blackwell.

Yamaguchi, K. (1986). Alternative approaches to unobserved heterogeneity in the analysis of repeatable events. In N. B. Tuma (Ed.), *Sociological methodology 1986* (pp. 213-249). Washington, DC: American Sociological Association.

Yamaguchi, K. (1987a). Event-history analysis: Its contribution to modeling and causal inference. *Sociological Theory and Methods, 2,* 61-82.

Yamaguchi, K. (1987b). Models for comparing mobility tables. *American Sociological Review, 52,* 482-494.

Yamaguchi, K. (1990a). *Accelerated failure time regression model with a regression model of surviving fraction: An application to the analysis of permanent employment in Japan* (UCLA Statistics Series 57). Los Angeles: University of California.

Yamaguchi, K. (1990b). Logit and multinomial logit models for discrete-time event-history analysis: A causal analysis of interdependent discrete-state processes. *Quality and Quantity, 24,* 323-341.

Yamaguchi, K., & Kandel, D. B. (1985a). Dynamic relationship between premarital cohabitation and illicit drug use: An event history analysis of role selection and role socialization. *American Sociological Review, 50,* 530-546.

Yamaguchi, K., & Kandel, D. B. (1985b). On the resolution of role incompatibility: A life event history analysis of family roles and marijuana use. *American Journal of Sociology, 90,* 1284-1325.

Yamaguchi, K., & Kandel, D. B. (1987). Drug use and other determinants of premarital pregnancy and its outcome: A dynamic analysis of competing life events. *Journal of Marriage and the Family, 49,* 257-270.

Yi, K. M., Walker, J., & Honore, A. B. (1986). *CTM: A user's guide.* Unpublished manuscript, University of Chicago, National Opinion Research Center.

事 件 史 分 析 法

原　　著 / Kazuo Yamaguchi
譯　　者 / 杜素豪、黃俊龍
校　　閱 / 董旭英
執行編輯 / 陳宜秀
出 版 者 / 弘智文化事業有限公司
登 記 證 / 局版台業字第 6263 號
地　　址 / 台北市大同區民權西路 118 巷 15 弄 3 號 7 樓
電　　話 / （02）2557-5685・0936252817・0921121621
傳　　真 / （02）2557-5383
發 行 人 / 邱一文
書店經銷 / 旭昇圖書有限公司
地　　址 / 台北縣中和市中山路 2 段 352 號 2 樓
電　　話 / （02）22451480
傳　　真 / （02）22451479
製　　版 / 信利印製有限公司
版　　次 / 2001 年 03 月初版一刷
定　　價 / 250 元

ISBN 957-0453-23-0

國家圖書館出版品預行編目資料

事件史分析 ／ Kazuo Yamaguchi 著 ； 杜素豪.
黃俊龍 譯. -- 初版. -- 台北市：弘智文化，
2001〔民 90〕
　　　面 ；　　公分. -- （應用社會科學調查研究
方法系列叢書；20）
　　　譯自：Event history analysis
　　　ISBN　957-0453-23-0（平裝）

　　1.　社會科學 — 研究方法

501.2　　　　　　　　　　　　　　　　90000495

弘智文化價目表

書名	定價	書名	定價
社會心理學（第三版）	700	生涯規劃：掙脫人生的三大枷鎖	250
教學心理學	600	心靈塑身	200
生涯諮商理論與實務	658	享受退休	150
健康心理學	500	婚姻的轉捩點	150
金錢心理學	500	協助過動兒	150
平衡演出	500	經營第二春	120
追求未來與過去	550	積極人生十撇步	120
夢想的殿堂	400	賭徒的救生圈	150
心理學：適應環境的心靈	700		
兒童發展	出版中	生產與作業管理（精簡版）	600
為孩子做正確的決定	300	生產與作業管理（上）	500
認知心理學	出版中	生產與作業管理（下）	600
醫護心理學	出版中	管理概論：全面品質管理取向	650
老化與心理健康	390	組織行為管理學	800
身體意象	250	國際財務管理	650
人際關係	250	新金融工具	出版中
照護年老的雙親	200	新白領階級	350
諮商概論	600	如何創造影響力	350
兒童遊戲治療法	500	財務管理	出版中
認知治療法概論	500	財務資產評價的數量方法一百問	290
家族治療法概論	出版中	策略管理	390
伴侶治療法概論	出版中	策略管理個案集	390
教師的諮商技巧	200	服務管理	400
醫師的諮商技巧	出版中	全球化與企業實務	出版中
社工實務的諮商技巧	200	國際管理	700
安寧照護的諮商技巧	200	策略性人力資源管理	出版中
		人力資源策略	390

書名	定價		書名	定價
管理品質與人力資源	290		全球化	300
行動學習法	350		五種身體	250
全球的金融市場	500		認識迪士尼	320
公司治理	350		社會的麥當勞化	350
人因工程的應用	出版中		網際網路與社會	320
策略性行銷（行銷策略）	400		立法者與詮釋者	290
行銷管理全球觀	600		國際企業與社會	250
服務業的行銷與管理	650		恐怖主義文化	300
餐旅服務業與觀光行銷	690		文化人類學	650
餐飲服務	590		文化基因論	出版中
旅遊與觀光概論	600		社會人類學	390
休閒與遊憩概論	600		血拼經驗	350
不確定情況下的決策	390		消費文化與現代性	350
資料分析、迴歸、與預測	350		全球化與反全球化	出版中
確定情況下的下決策	390		社會資本	出版中
風險管理	400			
專案管理師	350		陳宇嘉博士主編 14 本社會工作相關著作	出版中
顧客調查的觀念與技術	出版中			
品質的最新思潮	出版中		教育哲學	400
全球化物流管理	出版中		特殊兒童教學法	300
製造策略	出版中		如何拿博士學位	220
國際通用的行銷量表	出版中		如何寫評論文章	250
許長田著「行銷超限戰」	300		實務社群	出版中
許長田著「企業應變力」	300			
許長田著「不做總統，就做廣告企劃」	300		現實主義與國際關係	300
許長田著「全民拼經濟」	450		人權與國際關係	300
			國家與國際關係	300
社會學：全球性的觀點	650			
紀登斯的社會學	出版中		統計學	400

書名	定價		書名	定價
類別與受限依變項的迴歸統計模式	400		政策研究方法論	200
機率的樂趣	300		焦點團體	250
			個案研究	300
策略的賽局	550		醫療保健研究法	250
計量經濟學	出版中		解釋性互動論	250
經濟學的伊索寓言	出版中		事件史分析	250
			次級資料研究法	220
電路學（上）	400		企業研究法	出版中
新興的資訊科技	450		抽樣實務	出版中
電路學（下）	350		審核與後設評估之聯結	出版中
電腦網路與網際網路	290			
應用性社會研究的倫理與價值	220		**書僮文化價目表**	
社會研究的後設分析程序	250			
量表的發展	200		台灣五十年來的五十本好書	220
改進調查問題：設計與評估	300		２００２年好書推薦	250
標準化的調查訪問	220		書海拾貝	220
研究文獻之回顧與整合	250		替你讀經典：社會人文篇	250
			替你讀經典：讀書心得與寫作範例篇	230
參與觀察法	200			
調查研究方法	250			
電話調查方法	320		生命魔法書	220
郵寄問卷調查	250		賽加的魔幻世界	250
生產力之衡量	200			
民族誌學	250			